陳榮捷著

王陽明與禪

臺灣學生書局印行

序

達慕思大學 Dartmouth College 同事陳澄之君，採輯拙作中英文論文若干篇，于一九六九年由美國 Oriental Society 及香港南天書局印行，名「陳榮捷哲學論文集」Neo-Confucianism, Etc.: Essays by Wing-tsit Chan。中文拙著得以成書初次面世者，澄之兄之賜也。此中文部分九篇，民國六十二年（一九七三）台北無隱精舍複印，採名「王陽明與禪」，蓋其中一文之命題也。數月間卽告絕版。無隱精舍亦僅曇花一現。翌年三月台北中國養生研究社複印，九月地平線出版社又複印。一九八一年台北複印拙著「中國哲學資料書」(A Source Book in Chinese Philosophy ）又附此中文九篇。蓋其中三數論文，頗引人注意。項維新與劉福增主編之「中國哲學思想論集・宋明篇」十八篇論文之中，此處卽佔兩篇，其一徵也。六十九年（一九八〇）夏，捷參加中央研究院會議與國際漢學會議于台北。某日新交舊友數人，偶集于學生書局。咸以書宜重印。此皆十餘年前之舊作。捷年來側重朱子研究。中英文已刊未刊者已有二十餘篇，當時正在編集中，舊作頗欲稍有所待。今朱子研究論文，已輯爲「朱學論集」由學生書局與拙著「朱子門人」于一九八二年春同時出版。玆復承諸友及學生書局催促，懇情難却，故敢重刊。舊作雖所見無大更變，而討論題目，尚未見有學者新著，則尚可拋磚引玉也。九篇之中論仁二篇，可與「朱學論集」之「論朱子仁說」前呼後應。談「近思錄」一篇，則只七頁。今「朱學論集」之「朱子近思錄」，增至五十七頁。可謂面貌全然一新矣。此外增加「朱子自稱」以下六篇，比較近作，範圍亦擴大也。

民國七十三年（一九八四）八月陳榮捷序

王陽明與禪 目錄

仁的概念之開展與歐美之詮釋

仁爲儒家哲學之中心，亦卽中國哲學之中心。二千餘年，步步發展，可分七目言之。

（一）孔子之全德之仁　仁字不見尚書之「虞書」、「夏書」，詩經之三頌，與周易經文。此外古書中不多見。至孔子則仁爲其談論最多之主題。論語四百九十九章，其論仁者達五十八，十分超一。仁字共用一百零五次，遠出乎孝、弟、天、禮等字之上，顯爲孔子所常言。

然論語謂「子罕言利，與命，與仁」，與事實相背。何晏論語集解謂常人「寡能及之，故希言也」。皇侃論語疏以「其理玄絕，故希言之」。程頤經說謂「仁之道大，孔子所罕言」。朱子論語集註引其說。韓愈論語筆解云，「言此三者之人，非罕言此三者之道」。焦循論語補疏則解爲「若言利則必與命並言之，與仁並言之」。前四說仍是罕言，未能解除與論語事實上之矛盾。後說論語無例，不過臆說而已。王若虛誤謬雜辨解與爲從，史繩祖學齋佔畢解與爲許。黃式三論語後案以罕通軒，曰，「則罕言者表顯言之」。阮元論語論仁說謂孔子「不敢自居于仁，亦不輕以仁許人」。程樹德論語集釋則云孔子「罕自言」耳。更有謂四五十次仍是罕言，罕言與詩書執禮之雅言相對，或正因其少言，故有記載者。紛紛其說，在在牽强。孔子言行紀載，或詳或略，或存或佚，固不必强求其字面上之一致也。勿論解釋爲何，而孔子之重視仁德，則不磨之事實也。

仁于孔子不只爲諸德之一，仁乃諸德之全。此爲孔子破天荒之觀念，爲我國思想上一絕大貢獻。論語記之特詳，不無因也。書經仲虺之語之「克寬克仁」，太甲之「懷于有仁」，泰誓之「不如仁人」，與詩經鄭風之「洵美且仁」，齊風之「其人美且仁」，小雅四月之「先祖匪人（通仁）」，皆解作親，爲百善之一。蓋古時尚無普通道德之概念。有之，則自孔子始也。論語並非全然不以仁爲特殊之德。孔子云，「仁者安仁，知者利仁」（里仁），「知者樂山，仁者樂水」（雍也），皆以仁對知。又云，「仁者必有勇，勇者不必有仁」（憲問），以仁對勇。又云，「知者不惑，仁者不憂，勇者不懼」（子罕、憲問），則三者並舉。其言六言六蔽，則以仁爲仁智信直勇剛六德之一（陽貨）。凡此皆其上承古代遺風，以仁爲專德之證。然孔子又謂「剛毅木訥近仁」，仁者「居處恭，執事敬，與人忠」（均子路篇），能行恭寬信敏惠于天下者可以爲仁（陽貨），而克伐怨欲不行則尚未可以爲仁（憲問）。又謂「博學而篤志，切問而近思，仁在其中矣」（子張）。則仁之包涵諸德，顯而易見。且孔子謂人而不仁如禮樂何（八佾），則仁貫乎禮樂矣。尤重要者，「克己復禮爲仁」，仁者「己所不欲，勿施於人」（均顏淵），「己欲立而立人，己欲達而達人」（雍也）。克己己立，皆自我完全之謂，復禮立人，乃社會完全之意。是則所謂仁者，乃我他皆達完善之域。換言之，仁爲至善。「苟志於仁，無惡矣」（里仁）。「惟仁者能好人，能惡人」（里仁」），蓋以其達到道德之最高境界，仁則聖矣（雍也、述而）。自孔子發見此普遍道德以後，知勇諸德乃有根據，有聯繫，而中國道德思想乃立永久之基礎焉。

（二）以愛言仁　仁既爲新而又如此重要之觀念，儒家自不能不下以定義。於是中庸曰，「仁者人也」。孟子申之曰，「仁者人也，合而言之，道也」（盡心下）。又曰，「仁，人心也」（告子上）。所謂人卽是人心，所謂人心，卽愛也。樊遲問仁，孔子卽以「愛人」爲答（顏淵）。故孟子曰，「仁者愛人」（離婁下）。又曰，「仁者以其所愛，及其所不愛」（盡心下），「仁者無不愛也」（盡心上）。自孔子至漢，論者大底皆以愛言仁。墨子經上云，「仁，體愛也」。經說上釋之曰，「仁愛己……愛馬」。莊子天地篇曰，「愛人利物之謂仁」。荀子大略篇謂「仁，愛也，故親」。韓非子解老篇謂「仁者謂其中心欣然愛人」。禮記云，「仁以愛之」（樂記）。國語周語下曰，「愛人能仁」。董仲舒曰，「仁者愛人之名也。」（春秋繁露仁義法）。又曰，「故仁者所以愛人類也」（必仁且智）。揚雄曰，「視而愛之者，仁也」。又曰，「兼愛之謂仁也」（均太玄經第九章）。由此觀之，可見解仁爲愛，爲我國古代一貫之傳統，說文等愛於親，非無故也。

以愛言仁，孔子倡之。不特儒家和之，卽墨家、道家、法家亦和之。然墨家之愛爲兼愛，儒家之愛有差等。二者對立，水火不容。孟子視墨家之言爲洪水猛獸，而疾呼曰，「墨氏兼愛，是無父也」（滕文公下）。在儒家則以親親爲仁之本。有子曰，「孝悌也者，其爲仁之本與」（論語學而）。中庸以仁爲人，接着卽說「親親爲大」。於是孟子曰，「仁之實，事親是也」（離婁上）。結果由「親親而仁民，仁民而愛物」（盡心上），即所謂愛有差等。在孟子觀之，墨家視人之親如己之親，即爲二本（滕文公上）。夫物之不齊，物之情也。倫有親疏，情有厚薄。天之生物也，使之一本，本立而道生，由親親而仁民愛物。蓋愛則同而施之則異，此孟子之所以必須言仁而且義也。孟子云，「仁，人心也，義，人路也」（告子上）。又云，「仁，人之安宅也，義，人之正路也」（離婁上）。此非仁內義外之謂，而乃仁爲愛之性質，義爲愛之方法之謂。惟其實施之有方法，故不能無先後。此墨家大同無異與儒家之同中有異之對立，實爲一根本衝突。墨家兼愛，歸結於大同主義，無分爾我之親，故亦即無親。孟子謂其無父，非苛語也。

（三）博愛之謂仁　秦火而後，墨學雖沉，然佛教入華，大倡其普濟衆生，一視同仁之論。至唐代而大盛。其言道德仁義者，不入於老，則入於佛。一代大儒韓愈乃起而「明先王之道以道之」，大呼曰，「博愛之謂仁」，並主「人其人，火其書，廬其居」（原道）。論者或謂博愛即墨家之兼愛與佛家之慈善普渡。韓子豈非以人之矛，攻己之盾耶？殊不知墨家之兼相愛、交相利乃以爾我利益相均爲主，其重功利與儒家之仁之發自人性本具之惻隱之心根本不同。博愛一詞首見於國語周語下注。注云，「博愛於人爲仁」。孝經亦用之。復見於徐幹中論，云，「君子仁以博愛」（智行）。是則仁爲博愛之觀念爲儒家所固有，不必外求。且韓愈之原道不只攻佛老而亦攻楊墨。其所以攻之者，正因其有仁而無義，故原道開端即曰，「博愛之謂仁，行而宜之之謂義」。仁如樂，重在同。義如禮，重在別。仁是「什麼」，義是「怎樣」。因有「如何做法」，儒之博愛乃實。因無行而宜之，佛老之博愛乃虛。因其實，故有爲，故相生相養。因其虛，故無爲，故清淨寂滅。韓子於仁雖無大發見，而其肯定儒家同時並重仁之普遍性與特殊性，又表揚其實性與動性，厥功不朽。

（四）仁卽性卽理與理一分殊　孟子韓子之所以仁義並擧，正在表示仁之普達於人類之全體而同時又有特殊人倫個別情境之實施。然此理論尙無哲學的根據，而有待乎張子橫渠。仁的哲學根據之發展，上溯於中庸之「仁者，人也」與孟子之「仁，人心也」。孟子復謂「不忍人之心」，亦卽「惻隱之心」爲「仁之端」（滕文公上），已以仁爲性。漢後大概以仁爲性，愛爲情，如白虎通德論（卷八）云，「性有仁也」，而以愛爲六情之一。韓愈原性亦以仁爲性，以愛爲情。至宋儒謂性卽理。於是仁也、性也、理也，三者一而已矣。

張載著西銘曰，「乾稱父，坤稱母。……天地之塞，吾其體。天地之帥，吾其性。民吾同胞，物吾與也。……尊高年所以長其長，慈孤弱所以幼其幼。……於時保之，子之翼也。樂且不憂，純乎孝者也」。西銘雖短，而爲新儒學之磐石。楊時云，「橫渠作西銘，亦只是要學者求仁而已」（龜山語錄三）。又曰，「西銘言理一而分殊。知其理一，所以爲仁。知其分殊，所以爲義。所謂分殊，猶孟子言親親而仁民，仁民而愛物。其分不同，故所施不能無差等。或曰，『如是則體用果離而爲二矣』。曰，『用未嘗離體也。且以一身觀之。四體百骸皆具，所謂體也。至其用處，則履不可加之於首，冠不可納之於足。則卽體而言，分在其中矣』」（語錄二）。朱子論西銘之理一分殊，更爲親切。其言曰，「天地之間，理一而已。

然乾道成男，坤道成女。二氣交感，化生萬物。則其大小之分，親疏之等，至於十百千萬，而不能齊也。不有聖賢者出，孰能合其異而反其同哉？西銘之作，意蓋如此。程子以爲明理一而分殊，可謂一言以蔽之矣。蓋以乾爲父，以坤爲母，有生之類，無物不然。所謂理一也。而人物之生，血脈之屬，各親其親，各子其子，則其分亦安得而不殊哉？一統而萬殊，則雖天下一家，中國一人，而不流於兼愛之弊。萬殊而一貫，則雖親疏異情，貴賤異等，而不梏於爲我之私，此西銘之大指也」（論西銘）。

（五）仁者以天地萬物爲一體　西銘云，「天地之塞，吾其體。天地之帥，吾其性」。卽親親仁民愛物以至於與天地萬物合爲一體。程顥識仁篇云，「學者須先識仁。仁者渾然與物同體」。又曰，「醫書言手足痿痺爲不仁。此言最善名狀。仁者以天地萬物爲一體，莫非己也。認得爲己，何所不至？若不有諸己，自不與己相干，如手足不仁。……故己欲立而立人，己欲達而達人」（均遺書二上）。此萬物一體之理論，爲宋明理學之中心。由二程子經過朱子陸象山以至於王陽明，莫不言之，而陽明之說此觀念與仁之關係，最爲直接。陽明子曰，「大人者以天地萬物爲一體者也。……大人之能以天地萬物爲一體也，非意之也，其心之仁本若是其與天地萬物而爲一也。……故見孺子之入井而必有怵惕惻隱之心焉。是其仁之與孺子而爲一體也。……見瓦石之毀壞而必有顧惜之心焉。是其仁之與瓦石而爲一體也。是其一體之仁也，雖小人之心亦必有之。是乃根於天命之性而自然靈昭不昧者也」（大學問）。在程子之意，則以仁如身體之氣，自然貫通全體。在王子之意，則仁之明德，本無分隔陰陋者。均以仁能自然流露，充塞天地焉。換言之，仁乃一種生力。

（六）仁與生生　生生之理，在我國哲學中淵源甚遠。易經繫辭下曰，「天地之大德曰生」。漢儒云，「仁者好生」（白虎通德論八）。周敦頤曰，「生，仁也」（通書十一）。然切實以仁爲生者則二程子也。程子曰，「天地以生物爲心」（外書三）。程顥曰，「萬物之生意最可觀，此元者善之長也，斯所謂仁也。人與天地一物也」（遺書十一）。程頤曰，「心譬如穀種。生之性，便是仁也」（遺書十八）。其徒謝良佐云，「桃杏之核可種而生者謂之桃仁杏仁。言有生之意。推此仁可見矣」（上蔡語錄上）。是以程頤曰，「四德之元，猶五常之仁。偏言則一事，專言則包四者」（伊川易傳一）。蓋有仁則義禮智信，自然而生，猶物既有元，則自然能亨能利能貞也。故又曰，「仁者全體，四者四支」（遺書二上）。惟其能生，故必有不忍之心，己立立人，仁民愛物，以至於與天地爲一體。故王陽明謂非意之，而乃仁之性之本然如此也。是則仁乃生的，動的。有以公爲仁者。然公不外一種態度，其性靜。故程頤曰，「公只是仁之理，不可將公便喚做仁。公而以人體之故爲仁」（遺書十五）。所謂體之者，實行之也，動也，生也。謝良佐以覺爲仁，謂「有知覺識痛癢，便喚做仁」（上蔡語錄上）。似與程子痲木爲不仁，氣貫全身爲仁之說相符。然謝側重意境，謂「仁是識痛癢。儒之仁，佛之覺」（上蔡語錄中）。其等仁於佛家之覺，其爲靜寂，至爲顯然。故朱子謂其「說得覺字太重，便相似說禪」（語類六）。以公言仁，以覺言仁，皆與仁之生生根本性質相悖。

（七）心之德愛之理　至於仁何以能生，則朱子仁說予以答案。其言曰，「天地以生物爲心者也，而人物之生又各得夫天地之心以爲心者也。故語心之德，……一言以蔽之，則曰仁而已矣。……故論天地之心者，則曰乾元坤元，而四德之體用不待悉數而足。論人心之妙者，則曰，仁，人心也，則四德之體用亦不待遍擧而該。……此心何心也？在天地則块然生物之心，在人則溫然愛人利物之心。……吾之所論，以愛之理而名仁者也」（文集六十七）。其所謂「仁者，愛之理，心之德」（論語集注一）者，蓋謂人心賦有生生之理，是其性，是其體，是其理一。發而爲愛敬辭遜，是其情，是其用，其分殊。充其生物之心，便與天地萬物爲一體，而儒家仁的學說於是乎大備。淸儒阮元力主「詮釋仁字不必煩稱遠引。但擧曾子制言篇（大戴禮記）『人之相與也』，……中庸篇『仁者人也』，鄭康成注『讀如相人偶之人』數語足以明之矣」。似是反宋儒之理學，其實亦不外乎仁的之生力實施，己立立人之本質。近賢康有爲以仁爲吸引之力，爲以太，爲電（大同書，中庸注），譚嗣同以仁爲以太，爲電，爲心力（仁學），側重仁之吸引相通之力而使之科學化，另開一面。是則儒家仁之概念，步步進展，至爲昭然。

綜觀以上所述，仁之意義甚深，範圍甚大。泰西自一六六二年譯大學，一六六七譯中庸，一六八七譯論語，皆拉丁文。三者於一六八八年轉譯英文，又三年轉譯法文。加以一七一一年之孟子拉丁譯，而四書乃得歐洲智識界級注意。一八六一年基督教傳教士理雅各 James Legge直譯四書爲英文，印行於香港。彼得王韜之助，參考朱子集註。旣有根據，遂甚正確，至今仍算上乘，頗流行於英美。是則歐西對於仁之研讀，已三百年。究其了解爲何？評價爲何？趨勢又如何？吾人苟從上面仁的概念之全面開展觀之，則可下結論：（一）仁爲全德之名，絕早已有瞭解，然仁爲儒學之中心，至近年乃稍知之。（二）西人素以儒家之不欲勿施爲銀律，比基督教愛人如己之金律爲劣。此說近二十年間已不再談。（三）西人大都贊墨家之兼愛而評儒家之差等。因其未及研究西銘之理一分殊，至今仍以儒家之仁有階級性。（四）三十年來歐美學者漸有仁的概念之哲學的分析。此爲一新開展，至可欣幸。然而因其對於理學之研究，第二次世界大戰以後，乃始見曙光，故眞正了解，仍有所待。請分下列數點言之。

（一）仁爲全德　西洋關於儒學之書籍，其影響最大者莫如理雅各之英譯四書。天主教神父之譯經早已譯仁爲 humanitas（人性，人道），大概根於「仁者，人也」之言。理氏譯殊德之仁爲 benevolence（慈善），全德之仁爲 perfect virtue（完全的道德），true virtue（眞正的道德），the good（善）。彼等之知仁爲全德，殆已顯然。然百年以來，論者以完德解仁者少，以慈善訓仁者多。於是「慈善」成爲此字之標準譯名。即一九五八年倫敦大學講師 A. G. Graham 著 Two Chinese Philosophers（兩個中國哲學家，二程）亦如此。此中原因有二。一者西方素不識仁爲儒學之中心，以理氏之所謂「完德」與「眞德」爲泛言，於是全德之觀念以晦，殊德之觀念以顯。二者因其未及深研宋明理學，不審理學家言仁之辯。蓋歷來仁之研究，大都根於四書，或且限於論語，即談理學之書如上所述者，亦未能全免此傳統之束縛也。英國漢學權威 Arthur Waley 一九三八年譯論語（The Analects of Confucius）

特譯仁爲 Good（善），並明言其意義甚廣（頁二八），意卽爲諸德之總名。然又謂仁的人道之義，絕不見諸論語。其所謂人道乃對獸道而言（頁二七）。實際上 Waley 反對朱子論語集註，不肯接納宋儒之解論語雍也篇之己立立人之以己及人爲仁者之心，爲狀仁之體，以「仁之方也」卽是爲人之方。故於儒家仁爲全德之義，僅得其半。

近十餘年最流行之譯法，一爲 human-hearted（有人心），一爲 love（愛）。前者爲孟子「仁，人心也」之直譯，後者爲慈善之廣義，且與基督教之愛相合。二者皆認仁爲全德，進步大矣。然尚未審「人心也」之僅爲先秦一部分儒家之定義，與宋儒不可以愛訓仁之論也。作者竊以爲應以 good 譯善，以 love 譯愛，以 benevolence 譯狹義之仁，而以 humanity 譯廣義之仁。如此既上符先秦「仁者人也」之旨，下符宋明仁卽性卽理之義。五年前與哥倫比亞大學中國語言文學系諸友協同編譯 Sources of Chinese Tradition（中國傳統諸源），上始孔老，下括康譚，卽用此譯。一九六三作者編譯 Source Book in Chinese Philosophy（中國哲學資料書），且特爲文詳述仁字諸譯之比較，讀者大都贊同。然堅持「人心」與「愛」之兩譯者尚不乏人。人各一詞，議論紛紛。於此可見儒的概念在現代西方人心目中之重要，亦足見仁之深會，尚有待於理學之多多研究也。林語堂譯論語之仁爲 true manhood（眞正的成人）（Wisdom of Confucius 孔子之智慧，頁一八四以下）。嘉省大學教授 Peter Boodberg 以仁從人從二，應譯爲 co-humanity（同人之道）（Philosophy East and West 東西哲學二卷四期頁三三○）。前者得完人之意，後者得相人偶之義。雖非由理學出發，而見地極深。

（一）金律與銀律　二十世紀以前，其介紹與研究儒學者，幾全爲傳教士。彼等好舉他教之短，以形基督教之長。於是謂儒教爲銀律之教，不若耶教之爲金律之教。彼等以論語顏淵衛靈公兩篇均謂「己所不欲，勿施於人」。公冶長篇謂「我不欲人之加諸我也，吾亦欲無加諸人」。中庸謂「施諸己而不願，亦勿施於人」。大學亦謂「所惡於上，毋以使下」。皆爲消極之辭，故稱爲「消極的金律」，又稱「銀律」，以示不若基督「愛人如己」之金律之完美。此說戰前甚爲通行。夫基督金律之盡善，爲世所公認，自不待言。惟以己欲勿施爲消極，則其誤有三。一者消極之詞每每表達積極的意思。如「無限」，「無極」等等，實至積極，且有時比積極詞句更爲有力。二者中國人從來不作消極解。早如孟子，即謂「所欲，與之聚之，所惡，勿施爾也」（離婁上）。韓詩外傳卷三云，「己惡飢寒焉，則知天下之欲衣食也。己惡勞苦焉，則知天下之欲安佚也。己惡衰乏焉，則知天下之欲富足也」。劉寶楠論語正義（注顏淵篇仲弓問仁）亦曰，「己所不欲，勿施於人。則己所欲，必又當施於人」。自古及今，無有單作消極解者，不應有所謂金銀之別。三者持消極之說者，根本不明瞭仁字意義。上文謂「克己復禮」，「己欲立而立人」，皆人我兼全之意，至爲積極。孔子答仲弓問仁之所以謂勿施者，不外推己及人之意。故言己立立人，己達達人，則謂「能近取譬，可謂仁之方也已」。中庸不願勿施之前，謂「忠恕違道不遠」。朱子中庸章句註云，「盡己之心爲忠，推己及人爲恕」。此語蓋本諸程明道。程子云，「以己及物仁也。推己及物恕也。忠恕一以貫之。忠者天理，恕者人道。忠者無妄，恕者所以行乎忠也。忠者體，恕者用，大本達道也」（遺書十一）。可見仁乃儒家絜矩之道，推己及人，爾我兼顧。故論語云，「修己以安人」（憲問），中庸云，「所求乎子以事父」，孟子云，「老吾老，以及人之老」（梁惠王上），誠一貫之道也。

西方論者又謂孔子「以直報怨」（憲問），較諸耶穌「愛敵如友」之訓，顯爲消極。然勿論孔子之言是否批評道家以德報怨之說，而所謂直者絕非如西人之所釋爲嚴厲或報復之義，或如聖經舊約「以目報目，以齒報齒」之言。夫不念舊惡，爲孔門明訓。此所謂直者乃「人生也直」之直，卽合乎道德正義之意。不外謂報怨應以合乎道義爲主，不應以感情用事耳。孔門之敎曰「汎愛衆」（論語學而篇），又曰「博施濟衆」（雍也篇），又曰「四海之內，皆兄弟也」（顏淵篇），正與愛人如己，毫無出入。

第二次世界大戰以後，盛倡共存之說，宗敎方面，亦銳意合一運動。儒家消極之說，幾盡消沉。而另一重要原因，則學者對於仁之從人從二，與推己及人之義，日增明了也。

（三）博愛與差等　西人因墨子天志兼愛兩說均與基督敎相近，故每與之相比，而因墨家之兼愛與儒家之愛有差等之兩不相容，故謂於此方面墨家比儒家爲進步。前任哥倫比亞大學敎授，後任牛津大學敎授之Homer H. Dubs氏，可謂二十世紀中葉英美之中國哲學之最上權威。嘗於一九五一年爲文（The Development of Altruism in Confucianism 儒家愛他主義之開展，東西哲學，一卷一期），謂先秦愛有差等之說，倫理上甚爲欠缺，遂致歷朝之潰崩。至唐而韓愈急起挽救，乃倡博愛，蓋受佛家墨家之影響。以後周子言公，張子言「民吾同胞」，皆欲以救孔孟愛有差等之弊云云。勿論韓愈原道猛攻墨家，自不能謂其博愛思想，出於墨子。Dubs 氏於張子理一分殊之義，半字不提。大概其於先秦儒墨所爭之要點，尚有所忽略。楊朱爲我，卽哲學上之所謂多。墨翟重同，卽哲學上之所謂一。儒家民吾同胞，乾坤爲大父母，然同時又各有各之父母，愛由親始，卽哲學上之所謂一多相融。理一分殊之義在此。在孟子爲然，在韓愈爲然，在周子張子亦然。初非孔孟倫理上之欠缺，韓愈援墨入儒，思以有挽救之也。兼愛與理一分殊之義，馮友蘭曾於其「新原道」力言之。此書一九四七已有英譯（名 The Spirit of Chinese Philosophy ），頁三七至四十尤詳。作者在 The Evolution of the Confucian Concept Jen （東西哲學一九五五年四卷四期）文中亦津津致辯。可惜理一分殊之說，在西方尚少研究，因而西銘言仁之眞髓，未能明了。西銘於一八八九年譯法，一九三七年譯德，以後譯英，亦有多起。德國著名漢學家 Alfred Forke 一九三八年著中國近代哲學史（ Geschichte der neueren Chinesischen Philosophie ），至今仍屬主要之作。Graham 論二程之書，亦爲歐西研究理學甚少專書之一。然皆不提西銘理一分殊之訓。可知仁之深刻了解，尚有待諸理學之探究也。

（四）仁與生生之理　西方學者略談張程以外，並及謝良佐者，並非無人。近二十年論述康譚者更多，重點在其戊戌變法，與大同主義。因而旁及其仁學。然能述及程謝仁種之說與康譚吸引之生力者竟無其人。作者在慶祝胡適先生六十五歲論文集「儒家對於惡的問題之解決」文中曾另闢一節（頁七八四至七九一），專言仁之生生涵義。關於仁乃種子一節，提及佛家法相宗種子之說，並考其與之有無關係之可能。結論仍是仁如種子乃程子新解。雖可上溯易經之「天地之大德曰生」，而程子天地以生爲心，實其本源也。法國漢學人師 Paul Demieville 一九五七年九月來書謂係出於成唯識論，蓋作者曾指出二程居洛陽，而法相宗盛行於此，其徒謝良佐又好佛，有仁如杏仁桃仁之論。然竊意除易經之外，二程所受之影響，當以周子爲大。明道見周子後，即不喜獵（遺書七）。周子窗前草不除。問之，程子云，「與自己意思一般」（遺書三）。明道「爲江寧府上元縣主簿，見人持竿道旁，以黏飛鳥。取其竿折之，教之使勿爲」（伊川文集七）。可見程子好生，大受周子之熏染，而亦其人之本性如此。加以孟子以惻隱爲仁之端。端，始也，生之初也。故伊川易傳云，「四德之元，猶五常之仁」。換言之，天地萬物因有元始乃有亨，有利，有貞。五常有仁，自能生出義禮智信。此仁之生力一點，實爲仁說之一大發展，而亦理學之一大貢獻。西方學者未見及此，不以仁爲剛，反以爲柔。不以爲動，反以爲靜。茲舉三位第一流學者之言徵之。

上文述英人Waley 氏譯仁爲「善」，以仁爲全德，見解正確。然氏又謂仁爲被動的，乃根據雍也篇「仁者靜」一語而言。因而謂仁爲神秘，等於靜寂之「道」（前引，頁二八）。至於親仁之後，「行有餘力，則以學文」（學而篇），「一日用其力於仁」（里仁篇），「己立立人」，「剛毅木訥」（子路篇）等皆積極力行之意，則全不道及。夫靜則有之，然靜非被動之謂，更非神秘之謂也。西人又每謂「我欲仁，斯仁至矣」（述而篇）爲神秘，或以顏回「三月不違仁」（雍也篇）等於顏回「坐忘」與「心齋」（莊子人間世），故爲神秘，則更附會矣。

Boodberg在其「儒家基本觀念之語言學」中（The Semaisiology of Some Primary Confucian Concepts 東西哲學一九五三第二卷四期），謂古字拼音以j字母爲起音者，其中至少有四五十字皆示軟弱之意，如柔、讓、軟、弱、儒皆以仁含有柔軟之義云云。其說實與Waley同調。所幸其結論爲仁爲「同人之道」，避免如Waley之混合儒道也。美國耶路大學哲學教授F. S. C. Northrop則直舉仁與道、涅槃、與梵等而一之（Charles A. Moore所編Essays in East-West Philosophy 東西哲學論文，一九五一，頁一五九）。Northrop教授非漢學者。但因其爲美國哲學先進，且其所著The Meeting of East and West（東西之會），名展天下，二十年來影響不衰，故其把仁與梵相提並論，不免固强西方以仁爲神秘之思想也。

從他方面觀之，則此等學者之沽奇立異，適足以見其對於仁的觀念之重視。今所急需者，乃理學研究之極力提倡。理學旣明，則仁之瞭解自然澄徹。近年西方學人漸重理學，已如上述。我國學人在美亦共同努力。除唐君毅君從港方以時承東西哲學期刊之邀，屢寫關於宋明形上學之文章發表外，在美掌教及著作者如梅貽寶、施友忠、柳無忌、謝扶雅、與作者，亦先後爲文，每重理學。作者於一九四五年在檀香山第一次東西哲學大會寫中國哲學小史時，卽以中國哲學之進展爲三期，如三部曲，而以理學一曲爲音調最豐，時間最長。又爲中國傳統諸源一書寫理學數章，拙編「中國哲學資料書」，凡四十二章。以十七章歸宋后哲學。最近世界哲學聯合會編刊哲學百科全書，成爲八冊之巨著。不特特設中國哲學一門，且注重程、朱、陸、王，此爲以前所未有。施有忠君在華盛頓大學設有理學專科。作者先後譯傳習錄與近思錄，又在哥倫比亞大學兼課，授宋明思想。一九六六年在哥倫比亞大學教授狄培瑞（Wm. Theodore de Bary）主持之下開明代思想討論會，我國參加者有唐君毅、柳存仁、簡又文、房兆楹、杜聯喆、夏志清、杜維明、及作者等，日本教授岡田武彥諸人與美國學者若干人。皆所以促西方之進程。而最重要而效果最大者，則張君勱先生一九五七與一九六二前後印行之「理學之開展」（The Development of Neo-Confucian Thought），由韓愈而下至章學誠、方東樹、與曾國藩。致廣大而盡精微，誠十年來西方對於仁的瞭解確有進步之大助力也。

【原載東方人文學會編，儒學在世界論文集，香港人文學會，一九六九，頁二七一至二八五。採入項維新與劉福增主編，中國哲學思想論集，先秦篇，民國六十五年（一九七六），頁一至十六。仁的概念之開展部分，拙著英文"The Evolution of the Confucian Concept of Jen（儒家仁的概念之演進）"較詳。載Philosophy East and West（東西哲學）第四卷，第四期（一九五五），頁二九五至三一九。James T. C. Liu（劉子健）與Tu Wei-ming（杜維明）合編之Traditional China（傳統中國），一九七〇，頁一二三至一三六轉載之。】

新儒學「理」之思想之演進

萬先法譯

吾人若謂「理」字用作道理、義理之觀念，乃爲近八百年以來中國思想上之最重要者，殆非誇言。此一運動，在中國稱之爲理學，在西洋一般以新儒學名之。誠然，新儒學中朱熹（一一三〇—一二〇〇）之唯理主義與王陽明（王守仁，一四七二—一五二九）之唯心主義，當爲理學之中心。但依張之洞（一八三七—一九〇九）意，泰半清儒，亦多爲理學家（註一）。吾人將知，當諸儒紛紛各以不同見解以析理，且羣起以攻朱熹時，而諸儒之中心觀念，固仍在「理」也。

「理」在新儒學中，既爲一基本思想，且新儒家又復淵源於古代儒家，則吾人自以爲理之思想，在其開始時，當爲孔學之中心。但有不盡然者。考之儒家古籍，顯示出若干驚異之事證。一、「理」之一字，不見於大部分經籍之中。即在四書、春秋、儀禮、易經、或書經諸書中，亦無從獲見。二、縱令「理」字出現，而其涵義亦非義理之謂，而意指治理，或分理。「理」最早或見於詩經，亦僅一見，有「我疆我理」（註二）一語。Demieville 教授以爲此「理」字具有模型義（註三）。此一涵義固不誤，但此字實用作動詞。詩經註「幽王不能……疆理天下」。此一釋義，亦同於左傳所謂「先王疆理天下物土之宜，而市其利」（註四）。杜預（二二八—二八四）注謂「疆，界也。理，正也」。孔穎達（五七四—六四八）疏亦謂「物土之宜，播殖之物，各從土宜」。注疏諸家，均寓有模型之涵義，但亦僅有此涵義而已。總之，理之用作義理之觀念，尚不存在。

在僞古文尚書中，有謂「燮理陰陽」（註五）。在中庸中，亦言及文理（註六）。此兩例中，「理」字僅一見，且亦無義理道理之涵義。

三、「理」字用作義理道理之思想，並不源自儒家。誠然，相信孔子贊易者，必堅信唯聖人乃爲以「理」用作義理道理之第一人。良以在此一意義下之「理」字，已若干次見於各節繫辭之中。在此類例證中，有兩次「理」字，用作使事物順理成章，此爲其基本而原始之意義（註七）。又一次「理」字含有模型義（註八）。其餘各次，則顯示理之爲道理、義理。如易經言「通理」，「天下之理」，「將以順性命之理」，「窮理盡性以至於命」（註九）。假定易經十翼確爲孔子所作，則義理道理之「理」之觀念，係源於儒，自屬必然之結論。

但十翼作者與其著作時代，殊難斷定。大多學者於今咸認，縱易經經文本身不如此，則十翼當不致早於紀元前第三世紀。

此類情形，就禮記言，亦復如此。「理」字一詞，出現凡十九次（註一〇），主要爲動詞，用作順序之義。但亦有顯示「義理」（註一一），「萬物之理」（註一二），最重要者如「天理」諸意義。天理一詞，見於禮記「不能反躬，天理滅矣」（註一三）。此一名句，爲後來新儒家所反復引述。「理」字之有義理、道理之思想，誠良好建立於此一經典之中。

但禮記之著作年代，極難確定，一般認定亦不致早於紀元前第三世紀。

如吾人於易經中十翼部分及禮記，俱不同意早於紀元前第三世紀，則在時間順序上，吾人將發現最早古籍中「理」字之涵有義理、道理者，將不爲孔子，而爲墨家之墨子（註一四）。自來學者討論「理」之思想之演進，從不以墨學有何重要。但「理」字之第一次用作義理道理之意義，見於墨子書，則確爲簡單而易見之事實。理字凡七次。一次極其肯定，用作順序之義（註一五）。其他三次，其意義或指道理、義理、或指秩序（註一六）。但另有三次，理字意指義理、道理，則決然無疑。如謂「凡君之所以安者何也，以其行理也」。又謂「仁人以其取捨是非之理相告」，又謂「不義不處，非理不行……此君子之道也」（註一七）。其最具意義者，乃在將「義」「理」兩字並列。此並列之用法，常見於後來儒家與道家之書。

吾人謂理之爲道理、義理之思想，起源於墨家，實亦不足驚奇。墨家哲學，雖主要爲功利，但墨子所追求者，固爲一種社會行爲之最高水準也。此從墨子之主張順從天志以及攻擊儒家其理之謬之事實，俱可以見之。此一種理之觀念，一直爲墨子後學所承繼，自可想像。尤可注意者，在別墨四例證中，理字均具有義理道理之獨特意義（註一八）。此實可證明在墨學運動中此一思想之重要。但墨學在紀元前第四世紀，已漸式微。故欲求理之思想之演進，吾人須轉向另一方向加以探討。就時代順序言，理之思想，首先在莊子思想中最爲發達。

理字在老子書中未提及，但在莊子，出現卅八次之多。此一思想，有若干重要之發展。理之具有模型及使之順序之思想，在莊書中殊爲普遍。正如墨子書中之將「義」「理」連綴為義理(註一九),莊書中亦將「理」「道」連綴而為道理(註二〇)。在中國思想史上,此為第一次以「理」與「道」平列。不僅此也,天理觀念,亦非常重要(註二一)。此一觀念,正為在新儒學中理之究竟義。最饒意味者,即在莊書中以天理與人事相較(註二二),此開中國佛學中事理觀之先河。

再者,莊書中不只一次言及「大理」,與理為萬物之通理(二三)。因之,理不僅為一理,而且為衆理。「理不可覩」,「理無名」,與「理無窮無止」(註二四)。換言之,理為絕對。

同時,理亦為特殊。莊子曾謂「萬物殊理」,又謂「萬物皆種也,以不同形相禪」(註二五)。簡言之,後來在佛學與新儒學中所充分發展有關理之哲學意義,俱早已寓於莊書之中。

吾人誠可爭辯,謂「理」之一詞,在莊子內篇僅一見,而內篇乃認為莊子之可靠者。至若其他論證,均出於外篇與雜篇。此諸篇皆視為紀元前第三世紀或稍後之著作(註二六)。因之,理之思想,在莊書中,並不若以後在孟、荀書中之發達。但「天理」一詞,見於內篇之第三章,且確具有一種通理或甚至此種通理之意義。僅此種用法,已足使莊子在理之思想演進史上,較之孟子尚見重要。

在孟子書中,言及「理」字凡七次。一次理字,意指依賴之賴,並無哲學上之意味(註二七)。在萬章篇,條理一詞凡四見,皆用與音樂演奏有關。條理猶言脈絡,自無疑義。在告子篇，孟子謂「心之所同然者何也？謂理也，義也」。接着「理」「義」兩字，不僅如墨子書予以平列，甚至兩字連綴爲一詞，意指正理或義理。此一觀念，後來在新儒學成爲一種最主要之觀念。新儒學之扣緊此一觀念，正如在大易易傳中之扣緊「性」「理」「命」諸觀念，而用之以奠定其哲學之基礎。大易、孟子兩書，其爲新儒家思想之最主要源泉，此固無可置疑。但義理觀念，在孟子書中之不顯現，亦如天理觀念之在莊子書中。

在古代儒家，具有道理義理之理之廣泛發展，不在孟而在荀。如莊子，此理之思想，不僅有普遍義，亦有衆殊義與獨特義。此一「理」字之闡述，近一百次。幾每隔一頁皆可發見。除多次用作治理之意義以外（註二八），用作文理之意義，亦極其顯著（註二九）。而且義理或道理之意義亦頗重要（註三〇）。尤其重要者，荀子不僅言及「天下之理」（註三一），亦言及「大理」（註三二）。不僅此也，理爲普遍，爲永久，爲不變。因而理成爲絕對性（註三三）。同時，荀子亦言及絲之理，一種特殊事物之特殊之理（註三四）。荀子不如莊子，作理與事之對比。但荀子比較理與欲（註三五）。此又爲數百年以來新儒學中最熱烈辯論不已之論題。當莊子着意於天理，而荀子則從不着意之。此誠可堪驚異者。不過莊、荀雖有此小異，而此兩大哲人闡理之相同處，則實屬顯著。

荀子去莊未遠，則荀子思想之有否借用感發於莊子者，此實爲極易引起之問題。就在古代儒家中，荀子在若干方面最接近於道家之一事實而論，假定荀子之受有莊子影響，殊非悖理。但惜乎尚無文獻可徵。惟吾人可得而言者，即當紀元前第四五世紀，當時百家爭鳴，各欲求一理論，以建立其學說以自好。「道」之一詞，各家俱用以適合其需要。但道者路也，並未涵有一種通理之義。先秦諸哲仰觀俯察事物之運行，深感有建立一種理論之需要。「理」字思想之興起，或卽在提供一種更富有哲學意味之意義而遠較原「道」字所能提供者。實際上各家俱已從事及此。甚至法家者流，此一最不重視抽象原理之學派，亦復着重及之。吾人可見於愼子（註三六），及管子（註三七）諸書。韓非子時，理之具一般性與特殊性之雙重意義，已大爲建立。在韓非子解說老子諸名篇中，理字實爲一最主要之論題。

頗堪玩味者，正如理之思想，不源於儒而源於墨，而理之思想之建立，亦不在儒家而在法家。吾人讀韓非子解老篇，有云：

> 道者萬物之所以然也，萬理之所以稽也。理者成物之文也。道者萬物之所以成也。故曰，「道，理之者也」。物有理，不可以相薄。物之理，不可以相薄，故理之爲物之制。萬物各異理。萬物各異理，而道盡稽萬物之理，故不得不化（註三八）。
>
> 凡理者方圓，短長，麤靡，堅脆之分也。故理定而後可得道也。故定理有存亡，有死生，有盛衰（註三九）。

堪爲指明者，卽定理之觀念，此處爲首見，而此一觀念，在後代哲學中頗佔一重要之席位。但尤堪指明者，卽中國思想史上將「道」釋成「理」，亦爲首次。此道理一詞，早見於莊、荀之書，至韓非子乃獲致新義。在韓非子書中之此種發展，確爲在漢代以前理之演進史上最重要之一步。

吾人曾屢次闡明理有共同性與特殊性。則理之爲一或爲多之問題，自不可免。在討論此項問題之先，吾人對於漢代以前「理」之觀念之發展特質，應稍予說明。

有數點可以申述者。儒家對於「理」之發展，其貢獻較爲不大，此其一。理字訓爲治理，是根本義。理字訓爲順序、模型或程序，是次要義。理字訓爲道理義理，是後起義，但漸增重要，此其二。所有此類概念，主要俱與人事有關。此爲唐君毅教授在其最近「理之六義」大文中所特別强調者，此其三（註四〇）。幾乎所有包括理字在內之複詞如義理、大理、道理、條理、天理、通理、文理、與定理俱在漢代以前出現。有如上述，此類名詞在以後中國思想上皆佔有重要之地位，此其四。將理與性、理與欲，以及理與事連說，在此時期中亦經發生，此其五。最後，在引用定理一詞，韓非子已爲理之共同性抑爲特殊性之爭辯，奠下基礎。此一爭辯，實具有堅强之涵義。

在漢代，「理」之思想之史的發展，頗不明晰。泛言之，吾人可認出數點思想之線索。一爲理與性之有密切關連。此在數部緯書中可以看出。例如在孝經緯中有謂「性與陽和，一依於理」（註四一）。白虎通謂「性生於陽，以理也」。又謂「失理則陰陽萬物失其性」（註四二）。中鑒一書於易經上之窮理盡性，頗多引述（註四三）。此種性理密切連詞，實爲一自然之發展，良以易經在漢代既極關重要，而人性論亦爲漢儒討論之中心。

在漢代另一思想之線索爲理與治玉相連。治字之傳統義爲治理，但至漢時，其意義已變狹而爲治玉。戰國時理與玉連詞已甚顯明。在尹文子上謂「鄭人謂玉未理者爲璞」（註四四）。韓非子上亦謂「理其璞而得寶，治玉曰理」（註四五）。在戰國策亦謂「鄭人謂玉未理者璞」（註四六）。此類篇章僅指明應了解爲治玉之治。在紀元前第二世紀，賈誼（前二○一－一六九）將理與玉相聯，頗爲肯定。賈誼謂「獨玉也寫德、體、六理，盡見於玉也」（註四七）。又謂「理，離狀也」（註四八）。白虎通亦稱「玉以象德。……君子有黃中通理之道」。「禮義者，有分理」（註四九）。是則理之涵義，至此又擴展不僅意指模型，而且意指分理。釋理之原寓有治理意義者，至此亦擴展意指分辨或分別。此或緣於漢代過于重視社會階級觀念，此種發展，遂不可避免。就哲學意義言，此正加强韓非子所云理爲特殊，一種分理之趨勢。無疑地，一百年後之說文一書，即據此以理訓爲治玉。

清儒反對朱熹以理爲共同與絕對之說，幷謂漢代以理爲分殊，實爲原始義，而宋代新儒學家則頗曲解此原始義。實則清儒不知漢代雖有理分爲殊之說，但同時亦有以理爲一之趨向。如賈誼新書卽謂「天理則同，人事有別」（註五○）。此一論調，在董仲舒（前一七六－一○四）書中更爲强調。有謂「天人一也……有其理而一用之」（註五一）。淮南子書謂「殊體而合於理」（註五二）。總之，吾人可知在漢代性與理之密切關連，以理爲模式及分殊之趨向，因而理爲特殊。同時亦有一種趨向，卽視理爲有共同性也。性理問題，爲新儒學之根荄。理一與多之爭辯，在魏晉時期亦甚激烈，如王弼（二二六－二四九）郭象（三一二年卒），其尤著者也。

此兩大哲人，正代表兩相反之趨向。王弼主理一與共同，而郭象主理多與分殊。弼重超越，而象重內在。弼之哲學，建立於其對儒家經典易經之探微，而象則奠立於其莊子之注釋。因之，兩人雖同爲玄學家，而其思想固大異其趣也。

在王弼，「理」較之「道」，更爲重要。如在老子第四十二章注，王弼即將「自然」與「理」平列，而不與「道」平列。（譯者按：弼注謂「……而用夫自然，舉其至理」）。理先於道，是王弼注易與注老子中之特質。在其論述與易注中，王弼對於「理」之論據，殊爲顯著。王弼於大易原理之全部解釋，即爲事物皆爲理所支配。王弼以爲「物必由其理」（註五三）。弼亦以理先於命。錢穆教授謂其用理代替命，實爲宋儒以天理替代天命之觀念，播其萌芽。錢氏誠非過言（註五四）。

就王弼言，此理究居何義？弼多次論及「通理」（註五五）。亦論及「必然之理」，與「所以然之理」（註五六）。但其最重要者，理不僅爲一，且爲超越。王弼謂「物无妄然，必由其理。統之有宗，會之有元」（註五七）。此一段話實極其重要，良以王弼於理爲統繫萬物之論點，誠有極明確之闡述。此即王弼稱之爲「至理」（註五八）。

不僅此也，王弼理之觀念，實超越一切現象。理既屬共同性，可見之於馬，亦可見之於牛。此理之顯現，亦不須依存於任何特殊之事物（註五九）。理之生長有如圓周，實無特定方向之可言。換言之，理超越一切現象與特質。理不僅爲一，且爲超越之一。湯用彤教授曾指出，王弼之注易，其旨趣在本體論甚於宇宙論，因而探究形而上之涵義並展開其純理之闡述（註六〇）。

錢穆教授在檢校王弼注易所用「理」字以後，謂弼之「至理」，功爲首創（註六一）。錢氏并以弼之至理與荀子之大理、宋儒之太極相同（註六二）。錢教授於其歷史上之關連未免推演太過。縱令宋儒之太極與弼之至理有所關連，而其相去亦必甚遠。錢教授謂理事之比較，創自王弼，而佛教華嚴宗之事理觀，應溯之於王弼（註六三）。但據吾人所知，早在莊子已提出事理之對立。荀子之大理與王弼之至理俱爲絕對，但前者毫無超越之性質，而此一超越性質，乃王弼之至理之所以與以前所舉一切理之思想，大有差別者。湯用彤教授指出王弼洞察此一超越絕對之理，實已進至形而上學之一種最高境界，洵非虛言。

由於理之超越無謬，吾人頗難同意 Needham 教授之觀點，謂王弼在周易略例中之理，即在當下之世界，又謂理之觀念，在王弼并無本質上之變異（註六四）。

有如王弼，郭象亦用「理」釋「道」。在郭象之哲學體系中，「理」字尤佔有主要之地位。「理」字在其莊子注釋中，幾出現一百次之多，較在王弼著述中幾多兩倍以上。郭象亦主張自然之理（註六五），必然之理（註六六），道理（註六七），天理（註六八），與通理（註六九）。有如王弼，郭象亦以理代替命（註七〇），亦作事理之比較（註七一）。「至理」一詞之重要，其於郭象實有過於王弼（註七二）。

但王弼之至理與郭象之至理，其間實有一根本之差異。王弼之至理爲一與超越，郭象之至理則爲多與內在。象謂「物各有理」，又謂「衆理斯生」（註七三）。遍其注之中，郭象一再闡述理爲分殊，爲自足，爲完全。錢穆氏謂「羣理」一詞，爲郭象所新創（註七四）。

各理自足以暢於「無極」（註七五）。誠如錢教授所指出，郭象之至理，實爲後來道家乃至新儒家無極之說，導夫先路（註七六）。綜上以觀，郭象之理爲分殊與內在。以之與王弼理爲共同與超越相較，其間之差異，誠屬顯然。

Demiéville教授於嵇康（二二三—二六二）頗致推崇，以嵇康將此絕對之理以妙字描述之，頗具新解（註七七）。Needham亦以嵇康爲然（註七八）。誠然，嵇康曾兩次用妙字以形理。且妙理連詞，亦以嵇康爲第一人（註七九）。但以妙析理者，嵇康尚非第一人，荀悅（一四八—二〇九）已先爲之（註八〇）。此其一。妙字據嵇康之意乃訓爲幽微，神秘，而非超越，此其二。誠然，在其論著中，理字殊爲普遍。在其數篇短文中，理字約有七十次。但嵇康論及「大理」、「至理」、「通理」、與「常理」，亦論及「衆理」與「定理」。嵇康在形而上學之地位，較近於郭象而遠於王弼。依年代言，嵇康在王、郭之間。

嵇康之重要在過渡，郭象之重要在比較。唯有王弼，從魏晉新道家之玄理發展至佛家之理之發展中，實具有承先啓後之作用。自第四世紀以來，此數百年間理之衍進，在道家或儒家俱未有發展，有之惟有佛學。而爲新道家與佛學間之橋樑者爲王弼。弼將理之模式成爲一種純粹之絕對。

Demiéville教授曾確切指出，在佛教方面作橋樑者有支遁（三一四—三六六），惜乎Demiéville忽視王弼在另一方面之承啓作用（註八一）。理之觀念，在早期中國佛教中之不重要，甚爲顯明。在理惑論，此最早一部論佛教之論著中，理字僅用兩次，而且用作動詞

（註八二）。第四十二章經，此或爲中國最早之佛家經典，確論及「……達佛深理」（註八三）。但吾人實難相信此一理字除在表明眞理外，尙有何其他勝義。

第一位佛教徒加强理之發展者爲支遁。據高僧傳所稱支遁造微之功，不減王弼。有如王弼，支遁嗜談老莊。支遁「早悟非常之理」（註八四）。支遁如何曉悟非常之理，可見之於其要鈔序一書（註八五）。支遁謂「理非乎變，變非乎理」，「千變萬化，莫非理外」。又謂「至無，空豁廓然無物者也」。但「無不能自無，理亦不能爲理」。換言之，至無與理，交相涵攝。實則俱屬異名同實。Demiéville 教授曾指明支遁以理與般若（prajna）眞如（tathata）相較，而最爲重要者，即支遁亦以理與至無相較（註八六）。誠如湯用彤教授所提示者，支遁之學，固自以本無爲宗（註八七）。吾人實亦無庸提示，王弼之學，固亦建立於此種觀念之上也。

郗超（三三六—三七七）爲支遁之信徒。支遁釋理之重要，誠如郗超所稱「神理所通」，與「眞理不絕」（註八八）。此「神理」與「眞理」兩詞最堪玩味。其神秘意味遠如王弼說理之上。郗超在奉法要有謂「理本於心而報彰於事」。又謂「器象雖陳於事用，感絕則理冥」（註八九）。冥字意爲寂、默、與暗，亦即形滅。換言之，理之存在爲「物如」。

就郗超所言，可堪注意者有二，即事理觀，與理之特質爲冥。郗超或正闡明支遁之論點。此種以理爲絕對，爲無，爲冥，以及事理觀諸特質，至慧遠（三三四—四一六）、僧肇（三八四—四一四）日益銳利而精宏，最後至道生（四三四年卒）而造其極。

冥之觀念，爲新道家且尤爲郭象所道及（註九〇）。而在慧遠，益見强調。慧遠一再謂「理深」（註九一）。其有關理字之最重要言論，爲「會之有本，則理自冥」（註九二）。於此不僅發現新道家之冥，尤特別發現王弼統之有宗之觀念，良以慧遠此兩語中之前一語，不過爲王弼之「統之有宗」一語之重釋耳。但是慧遠於事與理之比較，形與理之比較，較之前哲，益爲顯明（註九三）。有謂「神道精微，可以理尋，難以事詰」。又謂「理無所寄。理無所寄，則宗極可明」（註九四）。此宗極爲何？不外法身而已。慧遠云，「法身之運物也，不物物而兆其端。……理玄於萬物之表」（註九五）。自慧遠以法身同涅槃，理遂用以描述一種境界。

上述趨向，直爲中國佛教爲第二位關鍵人物僧肇所承繼。僧肇一如慧遠，亦深契於王弼。僧肇謂「理無不統」（註九六）。又描述理爲虛爲元。凡此俱屬道家名詞，吾人可顯明認出道家力量仍然發揮其作用。受道家影響最深者，如僧肇極强調理離言迹。此爲新道家最獨特之一觀念（註九七）。唐君毅教授觀察敏銳，謂魏晉時，理在新道家培育之下，理爲「離言名」（註九八）。吾人將知此一觀念，保持於道生思想之中。

僧肇思想中，不僅堅强保持道家之影響，同時亦染有儒家之氣息。僧肇謂「窮理盡性，究竟之道」（註九九）。吾人均知窮理盡性之觀念乃源於易，且亦爲漢儒所常道。此類觀念之見於僧肇以及後來道生思想之中，實堪尋味。然則吾人可不謂在第四、五世紀儒家思想休眠之時，唯佛家乃維持窮理盡性之觀念於不墜耶？

但僧肇於理之觀念之演進最有貢獻者，乃在僧肇堅稱理與涅槃爲一。吾人已知王弼以太極同本無。吾人復知支遁以無同理，且以理描述涅槃。僧肇復有進於此者，有謂「若涅槃一也。究竟之道，妙一無差，理其然矣」（註一〇〇）。

在此種發展情況之下，勢必極峰呈現，道生即其人也。道生集支遁、慧遠、與僧肇諸大師思想之大成。道生隨新道家之步趨以趨，有謂「入理則言息」（註一〇一）。理既爲一，則不能爲無，爲妙，爲冥，爲一，爲不可分，爲空而且爲法身（註一〇二）。在道生，理多。道生云，「乖理爲惑，惑必萬殊」（註一〇三）。萬殊指事，因而事理觀，乃較以前更爲强烈。理一分殊，爲新儒家根本學說之一。人固不知其源自道生也。誠然，就新儒家言，理一與分殊同爲眞實。但就道生言，萬殊則爲理所超越。在道生，理得則成佛。道生甚至謂「佛盡理全爲護，永無忘失」（註一〇四）。窮理乃儒家之詞，不僅爲佛家所引用，且爲通佛國之道！道生又謂「窮理盡理，謂無量義定」（註一〇五）。以故孔門窮理盡性之旨，成爲佛門造化衆生之主要法門。

綜茲所述，吾人可知兩項頗饒趣味之發展。一爲理之觀念已臻至新極峰，爲以前儒家或道家所不可企及者。另一爲此一發展，不僅新道家以及儒家思想仍予保留，抑且兩家思想益佔重要之地位。同時，理既同於涅槃，因而理爲超越，則窮理亦即成佛之道。事與理之對立已不絕對。由於佛學之益見中國化，事與理之尖銳對立，已開始衰退。此一過程直至法藏（六四三——七一二）乃臻於事理圓融之境。

法藏在其名著金獅子章有云，「金與獅子，相容成立，一多無礙。於中理事，各各不同。——或一或多，各住自位。名一多相容不同門」（註一〇六）。就法藏言，「理事齊現，皆悉相容」（註一〇七）。理與事從此不再相礙。吾人將知此於新儒家理一分殊之說，大有開創之功。

自第四世紀以來，當此類重要發展之發生，而儒家竟中道衰歇，默默無聞，實令人堪為驚異。唯王通（五八四—六一七）出，勉力撐支窮理盡性之說於其間（註一〇八），然亦毫無新創，於新道家與佛家所展開之理之新觀念，亦了無關涉。李翺（壯年七九八）在其復性書用理字僅兩次。在其他七篇論著中，亦僅三次。其涵義或指治理或指義理（註一〇九）。韓愈（七六八—八二四）為闢佛之最著者。在其哲理論著或論佛骨表一文中，理字全未之見。就理之思想發展而論，一千年來，儒家殊為落後。

但理之思想，既具有如此悠久之歷史，且有如此哲學之意味，則儒家終不能長此輕心。在第十一世紀，理之思想又成為儒家之中心思想，稱之為理學，或如西洋所稱之新儒學。

促成新儒家發達之因素殊多，其中涉及理之思想發展者有數端：第一、理之思想，在佛家之華嚴宗及禪宗中特强。此兩宗之培育與滋長已數百年。新儒家於其空理或其屏棄倫常社會之施為，可無所採用，但於佛家理之觀點，則決不能熟視無覩。第二、漢唐儒者瘁心力於文學以及考據註疏之學。至第十世紀，此類學問，僅成為文學訓練，他無所用。沈潛之儒者乃起而需求一種有實質有根本之學問。第三、經五代混亂以後，宋代繼起，亦未能獲致繁榮與和平。外則半游牧民族，如東北之遼，西北之西夏，威凌中國。內則過剩之兵隊與冗吏，復陷財政於枯竭。處此情況之下，好學深思之士，不得不起而追問有無一種自然法則，可使政府必須依之以遵從，以及有無一種永恒之理，可使人民必須依之以奉行。最後，孔門經典之易經，大多儒者堅信傳自孔子之手。若干世紀以來，道家亦奉爲經典，並用以探求長生不死之藥。剝落此一經典中怪誕離奇之解釋，而歸於儒家所關心之有秩序之社會與道德生活，此亦爲時已久之需求。綜此四因，遂導引新儒學於理之發展。

胡瑗（九三三—一〇五九）、孫復（九九二—一〇五七）、與石介（一〇〇五—一〇四五），一般視爲新儒學之先驅。但諸儒中實無一人於理之思想之發展，有所貢獻。胡瑗之功蹟，在能踐履其所學。瑗謂教育在致心力於經籍中義蘊之探究，學而措之於事用，有體有用。孫復獨尊春秋。其學旨不僅在闡發經籍之微，以代章句之學，抑且着意於經籍所載之法律政府諸根本問題。石介尤强烈攻擊佛家以護衞儒家。此三位開宗之儒，其聯合力量至大。三儒使儒家棄其校勘訓詁與詞章之學以轉向於義理之探求，解救儒學於佛學可能控制之下，並重申儒者之學。其原始鵠的，在於經世之務。從諸儒遊者甚衆，而出於胡瑗之門者不下千人。若謂三儒開新儒學風氣之先，自非過言。但就理之思想論，固無實質上之牽涉。「理」字殊難出現於三儒著述之中。縱偶有出現，如在石介著作之中（註一一〇），其理字亦僅僅意指學說或眞理，實無形而上學性質之絲毫涵義。

惟至北宋五子，其理之思想，始獲致重要之地位。五子者爲周敦頤（一〇一七—一〇七三）、邵雍（一〇一一—一〇七七）、張載（一〇二〇—一〇七七）、程顥（一〇三二—一〇八五）、與程頤（一〇三三—一一〇七）。諸儒於理之思想之發展，俱有其實質之貢獻。

周敦頤之影響重大而精微。周敦頤之所以重大，因其確爲新儒學之開宗。敦頤決定新儒學發展之方向並製定新儒學形而上學與倫理之雛形。在其兩短篇著作之中，太極圖說與通書中實發揮其義。通書原名易通。敦頤在釋太極時，有謂太極動而生陽，動極而靜。靜而生陰，靜極復動。因陽變陰合，而生水火木金土。兩氣交感，化生萬物，萬物生生，而變化無窮焉。

周敦頤於理之發展，其貢獻之所以精微，「理」字在其釋卦中雖未提及，但理學之精神，固浸潤貫徹。誠如宋史所云，周子「作太極圖說……推明陰陽五行之理」（註一一一）。此在通書中，益有具體之發揮。

在通書中，「理」字尚無義理、道理之意味。理字用作動詞，意指順理。有兩處「理」字意義與禮儀之義相關連。其意謂禮儀之目的在使事物有序（註一一二）。但其重要者，即此有序之理，乃非人爲，而爲自然。因之，敦頤謂「陰陽理而後和」（註一一三）。此「理」字，實涵有順序之理與道理之雙重涵義。

就理之思想之發展而論，通書中最重要之一章爲第廿二章，題爲性、理、與命。有謂「二氣（指陰陽）五行，化生萬物。五殊二實，二本則一。是萬爲一，一實萬分。萬一各正，小大有定」。注家咸認敦頤之言，在闡釋性與命，乃依理而行，正如其章名所提示者。依朱熹「太極只有一個理字」，此一即指太極。依李光地（一六四二—一七一八）一即指理（註一一四）。如實言之，此章正爲對太極圖說之重予確認。亦即使新儒學之形而上學與倫理，俱以理爲基礎之一種意義之下。周敦頤在理之發展史中，成爲重要。萬物運行，一依其理之思想，瀰漫於通書之中。通書之名，意爲與易經相一貫，並示以其意義亦與易經諸意義相契合。第廿二章章名，即顯示與古經典之關係。此一經典中與新儒學最有關鍵之章句，有謂「窮理盡性，以至於命」（註一一五）。

邵雍亦同等重視窮理與盡性（註一一六）。邵雍並論及「天地之理」與「天理」（註一一七）。其教人有謂其觀物也，非觀之以心，而觀之以理也。又謂吾人須依天理以制人欲（註一一八）。在邵雍，存在最重要之因素爲數，故謂「發則神，神則數，數則象，象則器」。天下之數出於理（註一一九）。以故理之思想貫注於其哲學體系之中，較之周敦頤猶邁前一步。

「理」之思想，在張載益加顯著。張載書中，理字幾每隔一頁，俯拾皆是。橫渠以理爲萬物存在之根源。有謂「萬物皆有理」，「萬事只一天理」（註一二〇）。萬物依理而存，正因萬物依理而存，物無孤立之理（註一二一）。亦正因萬物之依理，乃能順而不妄，儘有次序，並能盡性（註一二二）。簡言之，萬物不論自然與人，均一依於理。

「窮理」一詞，常見於張載論著之中（註一二三）。「天理」（註一二四），「義理」（註一二五），闡述尤多。橫渠不僅主張存天理，滅人欲，且教人順理則利（註一二六）。在此種方式之下，橫渠將理之學說，較之周敦頤與邵雍，更推至一較高之層次。

北宋五子中，發展「理」至高峰者，莫過於二程兄弟——程顥與程頤。理在邵、張哲學系統中，固自有顯著之地位，但邵之哲學之基本因素爲數，張之基本因素爲氣。橫渠以氣即太極，即陰陽兩儀。其爲體，氣在未凝聚以前，氣即太虛。其爲用，氣之動靜、聚散等等，氣即太和。在此聚散之永恒過程中，則有若干基本法則之運行。例如，萬物有其對，無物孤立。又如，依理言，物有終始，有聚散等等。凡此法則之運行，必依其理。但其基本因素固是氣。一如邵雍，橫渠以理爲背景而已。

至二程兄弟則不然。二程以理爲其哲學之唯一基礎。此種主張，自二程始。

二程夫子思想，始於一簡單之假設，即一物之存在，須有其理。程頤云，「天下物皆可以理照。有物必有則。一物須有一理」（註一二七）。程顥亦云，「有物有則。萬物皆有理。順之則易，逆之則難」（註一二八）。「有物有則」一語，出自詩經，爲孟子所徵引（註一二九）。因之，謂二程理之思想淵源於古代經籍，似言之成理。但「則」字之引用，主要在闡明人性之善，遠甚於闡述存在之道理。有存在必先有其理，此種思想淵源之出於二程，殆無疑義。

二程云，「天理云者，這一箇道理，更有其甚已？不爲堯存，不爲桀亡。人得之者，故大行不加，窮居不損。這上頭來更怎生說得存亡加減？是佗元無少欠。百理俱備」（註一三〇）。又云「理則天下一箇理。故推至四海而皆準。須是質諸天地而且考諸三王不易之理」（註一三一）。二程以理爲自明，自足，推至四海，駕馭萬物。理爲存在宇宙眞理，宇宙程序，及宇宙法則之基石。

比較言之，程頤偏於理之道問學方面，而程顥偏於理之尊德性方面。於程頤，萬物皆有理，各物亦自有其特殊之理，以故「一草一木皆有理，須是察」（註一三二）。但萬理歸於一理（註一三三）。因之，「一物之理亦即萬物之理」（註一三四）。

程頤於闡述共同之理與特殊之理之際，揭出一極其重要之學說，成爲整個新儒學運動之中心，亦即理一分殊之說（註一三五）。佛學曾示人以一多無碍，張載亦致力以氣釋一，以盛衰、聚散等詞釋殊。但直至程頤，始有邏輯性之闡釋。

關於一與多關係之最好例證，或莫過於儒家主要之倫理觀念，仁及其踐履。仁爲一共同之理，構成宇宙以及人之特質。在此種意義之下，仁爲一。但當行仁之際，事父則爲孝，愛子則爲慈，事君則爲忠，待下則爲愛。故仁爲一，而仁之顯現爲多，爲分殊。誠如朱子以後所謂「如月在天，只一而已。及散在江湖，則隨處可見」（註一三六）。

程頤之另一貢獻爲格物說。凡屬新儒家無不孜孜於此，但惟有程頤乃爲發揮格物爲窮理方法之第一人。程頤以窮理亦多端，或讀書，或讀史，或反省，或約以窮一理，或博以窮衆理（註一三七）。無論一草一木皆有理，皆爲窮理之對象。在此種方式之下，程頤將新儒家置放於一嚴格之唯理基礎之下，而爲新道家或佛家所遠不企及者。

程頤固亦重理，但嘗言及天理時，則頗傾向於理之自然法則。如前所指出，「天理」一詞，首次見於禮記。但禮記上所謂天理之意義，乃指人受之於天之謂理，初無有共同之理或自然法則之涵義。誠如程門高弟謝良佐（一〇五〇—約一一二〇）所云，程顥自謂「吾學雖有所授受，天理二字，却是自家體貼出來」（註一三八）。

就兩程兄弟言，理並非一種抽象之實體，乃爲一種道德法則。理爲自然之理，亦爲道德之理，正如理之爲共同之理，亦爲特殊之理。理又爲動健，爲乾元，亦爲生生不息之理。若謂兩程兄弟將理之發展臻至最高峰，實非誇言。理不僅成爲哲學之基礎。一與多之關係，亦有理論之發揮。窮理方法，亦卽格物說，至此已大爲開展。

至若理與氣之關係以及氣之踐理，程氏兄弟殊少闡發。兩程謂「論性不論氣不備，論氣不論性不明，二之則不是」（註一三九）。兩程既以理卽人之性或物之性，則此說實不啻以理卽氣。同時程頤亦謂「離了陰陽更無道。所以陰陽者是道也。陰陽氣也。氣是形而下者，道是形而上者」（註一四〇）。此正意指道或理爲無形，而氣爲有形。此一顯明之矛盾，直至朱熹始獲解決。

朱熹之貢獻，一方面在綜合二程兄弟哲學中之所有重要因素，使之有一和諸之統一。他方面則在理氣間之關係提出一種邏輯之闡釋。就朱熹言，理之大全爲太極，太極是一。朱熹謂「根本只是一太極」，「一物亦各有太極，萬物之本質，同爲太極」（註一四一）。換言之，理一而分殊。「只有一個理。及在人，則又各自有一個理」（註一四二）。至若理與氣之關係，「氣未嘗離乎理，理未嘗離乎氣」（註一四三）。朱熹又謂「理氣本無先後之可言。然必欲推其所從來，則須說先有是理。然理又非別爲一物。卽存乎是氣之中。無是氣，則是理亦無掛搭處」（註一四四）。

朱熹之是否爲兩元論者，曾引起學者之紛論。理爲共同性，理之有形而上與形而下之區別，以及理氣在若干方面之差異，此俱無可置疑者。有如以上所論，程顥傾向於一元論觀點，而程頤傾向於兩元論觀點。朱熹則調和折衷於此兩種傾向之間。在朱子系統中，理不僅是一種邏輯先驗性，而且是形而上，因其具有超越存在之理。但氣卽寓於理之中而非氣之外別有一物。故朱子謂理從未離乎氣。如此，理既內在，同時理亦超越。理氣並不分離。兩者既不各別存在，亦不相反。

至朱熹，理之思想之發展，實已臻巔峰。隨後之發展，雖甚重要，但不過大同中之小異，亦緒餘耳。七百年來，新儒學之發展，包括反對學派在內，經歷若干階段。但在任何情況下，「理」字終爲基本之觀念，理之一與多，理之爲道德法則且須依以踐履，以及格物以窮理。凡此爭端之點，終不外乎理。

與朱熹同時有陸象山（陸九淵，一一三九——一一九三），持「心卽理」之說（註一四五）。象山謂「宇宙便是吾心。吾心卽是宇宙。千萬世之前，有聖人出焉。同此心，同此理也。千萬世之後，有聖人出焉。同此心，同此理也」（註一四六）。又謂「萬物森然方寸之間。滿心而發，充塞宇宙，無非此理」（註一四七）。但象山於其說之所以然，則未有闡明。

與象山學說最契者，有王陽明，亦稱「心卽理」（註一四八）。依陽明之解釋，當私欲淨盡，完全與天理同流，乃能知何者爲善，何者爲惡（註一四九）。當本心之善未蔽，以之事父則有孝之理（註一五〇）。此無可疑者，陸、王之尊德性，乃在反抗新儒家程頤、朱熹之唯理主義。但如此立說，却又走入另一極端，而引起反抗。此一反抗者，則爲王夫之（一六一九—一六九二）。

就王夫之之言，理既不存於心，亦不俱存於氣，但只顯現於氣之中。「理依於氣。當氣盛，理運行焉。……理本非一成可執之物。不可得而見。氣之條緒節文，乃理之可見者也。故其始之有理，卽於氣上見理……。有卽事以窮理，無立理以限事。吾之深惡於異端之說者，非以其無助於理也，實以其立一理以代天下之全，彼固昧於理而不察也」（註一五一）。

在與夫之同一精神之下，戴震（一七二三—一七七七）亦稱宋新儒家以理「如有物焉」（註一五二）之觀念之謬。理者「察之而幾微，必區以別之名也」（註一五三）。於戴震，理不過文理與條理而已。戴震乃清儒中將理重返於漢儒解理爲治玉之一人。戴震之所着重者，爲決無所謂共同之理之說。所謂理者，卽存在事物之中之文理或條理。實則戴震之反抗，涉於形而上學者殊少，而多在倫理。戴震攻擊最烈者爲天理與人欲之對立。震謂理也者，「情之不爽失也」（註一五四）。以故語其事，不出乎日用飲食之間。震乃謂「捨是而言理，非古聖賢所謂之理也」（註一五五）。

如實而言，卽程頤、朱熹、陸象山、王陽明、或王夫之諸儒，何嘗離日用飲食之間而言理？但戴震視新儒家之壓抑人欲爲不自然。於此點，固亦言之成理。至若就其否認共同之理而論，吾人爲察知人情之有所爽失，則終有一種共同之理之需要。

以故近七百年來，新儒家曾經歷若干階段。但雖經歷若干階段，「理」字固始終爲其基調也。

註一：張之洞，書目答問附錄。

註二：詩經，小雅，信南山。

註三：P. Demiéville, " La penétration du bouddhisme dans a tradition philosophique Chinois, " Cahiers d'historire mondaile, 卷三，第一號（一九五六），頁二十八。

註四：左傳，成公二年。

註五：僞古文尚書，第二十二章。

註六：中庸，第三十一章。

註七：易經，繫辭下，第一章，「理財正辭，禁民爲非曰義」。說卦，第一章，「和順於道理，而理於義」。

註八：易經，繫辭上，第四章，「仰以觀於天文，俯以察於地理」。

註九：文言及說卦。

註一〇：見哈佛燕京學社，漢學引得第九十五及五五八各頁。

註一一：禮記，禮運篇。

按遍查禮運篇全文，並無「義理」字樣。惟緊接下一篇禮器篇有「義理，禮之文也」一語。

（捷按：參看篇末附函）

註一二：禮記，樂記篇，「而萬物之理，各以類相動也」。

註一三：同上。

註一四：參考 Y. P. Mei（梅貽寶）The Ethical and Political Works of Motse 英譯（墨子之倫理與政治），London, Probsthain ,1929.

註一五：墨子，第二十三章，節葬篇，「實不可以富貴衆寡定危理亂乎」？

註一六：墨子，第三章，所染篇一、「處官得其理矣」。二、「處官失其理矣」。三、「行理性於染當」。

註一七：（一）所染篇。（二）第卅九章非儒篇。

註一八：（一）「觀為窮知而縣於欲之理」。墨子，第四十二章，經說上。

（二）「以學為無益也。教詩論誹，誹之可，不可以理之。可誹雖多，誹其誹是也，其理不可誹」。第四十三章，經說下。

（三）「以故生以理，長以類」。第四十四章，大取。

（四）「夫辯者將以明是非之分，審治亂之紀，明異同之處，察名實之理，處利害，決嫌疑焉」。第四十五章，小取。

註一九：莊子（亦稱南華眞經），在宥第十一，「說義邪，是悖於理也」。

註二〇：（一）「北海若曰，知道者必達於理」。莊子，秋水第十七。
（二）「萬物殊理，道不私，故無名」。則陽第二十五。
（三）「不順於理，不監於道」。盜跖第二十九。
（四）「冷汰於物，以為道理」。天下第三十三。

註二一：（一）「依乎天理」。莊子，養生主第三。
（二）「夫至樂者，先應之以人事，順之以天理」。天運第十四。
（三）「去知與故，循天之理，故無天災」。刻意第十五。
（四）「同類相從，同聲相應，固天之理也」。漁父第三十一。

註二二：莊子，天運第十四，「夫至樂者，先應之以人事，順之以天理」。

註二三：（一）「爾將可與語大理矣」。「是未明天地之理……者也」。「論萬物之理也」。「知道者必達於理」。莊子，秋水第十七。
（二）「萬物殊理，道不私，故無名」。則陽，第二十五。

註二四：同上。

註二五：莊子，則陽第二十五；寓言，第二十七。

註二六：莊子內篇　第一篇至第七篇
外篇　第八篇至第二十四篇
雜篇　第二十五篇至第三十三篇

按自來莊書，俱以第一篇逍遙遊至第七篇應帝王為內篇，第八篇駢拇至第廿二篇知北遊為外篇，第廿三篇庚桑楚至第卅三篇天下為雜篇，多無異辭，與陳先生排列外、雜各篇微有不同。不知是否陳先生另有根據或偶為繕排之誤。（捷索：參看篇末附函）

註二七：孟子，盡心篇下，「貉稽曰，稽大不理於口」。

按「稽大不理於口」趙歧注「理，賴也」。趙注訓理為賴，但賴字何解，趙氏未作說明。以原注文義推之，或為百無聊賴之賴字義。孫奭疏中有「稽大不能治人之口，使不訕其已者」，則是以「治」字釋「理」字。朱熹注亦僅從趙注，未予解釋。焦循疏「說文人部云，俚，聊也……廣雅釋言云，俚，聊也。俚，賴也。理俚聲同，字同。國語晉語，君得其賴。韋昭注云，「賴，利也。不理於口，猶不利於人口也」。焦疏又引趙氏佑溫故錄「……理字乃分辨之意，不必依舊訓賴」。吾人依上述各家注疏，無論訓為賴，為俚，為利或為分辨，但終不能如陳先生將理字譯成依賴之賴（ to depend ）。Legge在其英譯孟子中，即誤譯為dependable。陳先生或沿此而誤。（捷索：參看篇末附函）

註二八：（一）「理道之遠近而致貢」。楊倞注，「理，條理也」。荀子，王制第九。

（二）「思物而物之，孰與理物而勿失之也」。天論第十七。

註二九：（一）「形體色理以目異」。注，「理，文理也」。荀子，正名第二十二。

（二）「福事至則和而理，禍事至則靜而理」。注，「理，謂不失其道」。仲尼第七。

（三）「故淫亂生而禮義文理亡焉」。注，「文理，謂節文條理也」。性惡第二十三。

（四）「文理繁，情用省，是禮之隆也。文理省，情用繁，是理之殺也。文理情用，相為內外表裏，並行而雜，是禮之中流也」。注，「文理謂威儀」。「僞者，文理隆盛也」。「君者……文理之原也」。注，「文理謂條貫也」。禮論第十九。

註三〇：義理：

（一）「義者循理，循理故惡人之亂之也」。荀子，議兵第十五。

（二）「凡人之患，蔽於一曲而闇於大理」。解蔽第二十一。

（三）「仁，愛也，故親。義，理也，故行。禮，節也，故成」。大略第二十七。

（四）「必循其理似義」。宥坐第二十八。

道理：

（一）「其行道理也勇」。荀子，修身第二。

（二）「辭順而後可言道之理」。勸學第一。

（三）「長少之理順矣」。正名第二十二。

註三一：荀子，王霸第十一，「然而天下之理略奏矣」。注，「天下之謂條理者，略有節奏也」。

註三二：（一）「……而闇於大理矣」。荀子，解蔽第二十一。

（二）「……則割大理，而宇宙裏矣」。同上。

（三）「……未可與及天下之大理者也」。正論第十八。

註三三：（一）「故天地生君子，君子理天地……」。荀子，王制第九。

（二）「類不悖，雖久同理」。非相第五。

（三）「禮也者，理之不可易者也」。樂論第二十。

註三四：荀子，賦篇第二十六，「既以縫表，又以連裏，夫是之謂箴理」。

註三五：荀子，儒效第八，「凡事行有益於理者立之，無益於理者廢之，夫是之謂中事。凡知說有益於理者為之，無益於理者舍之，夫是之謂中說」。

註三六：愼子，「至於易，則吾心陰陽消息之理備焉」。

「……今也國無常道，官無常法，是以國家日繆，教難成，官不足。官不足，則道匱矣」。

註三七：管子，卷十八：「……當則治，不當則亂。名在所實，實生於德，德生於理，理生於智，智生於當」。

註三八：韓非子，解老篇第二十。

註三九：同上。

註四〇：唐君毅，論中國哲學思想史中理之六義。新亞學報，第一卷，第一期（一九五五）。

註四一：見太平御覽。

按兩查太平御覽，不見有孝經「性與陽和，一依於理」此一類似之語，姑意譯之。（捷案：參看篇末附函）

註四二：白虎通，卷八，情性，五經。

註四三：荀悅，申鑒，雜言下第五，「……命相近也。事相遠也。則吉凶殊也。故曰窮理盡性以至於命」。
註四四：尹文子。
註四五：韓非子，卷三，和民。
註四六：戰國策，秦一第三。
註四七：賈誼新書，卷八，道德說。
註四八：同上。
註四九：白虎通，卷五，考黜；卷八，情性。
註五〇：賈誼，新書。
註五一：春秋繁露，卷十二，陰陽義第四十九。
註五二：淮南子，卷十九，修務訓。
註五三：周易略例。
註五四：錢穆，王弼郭象注易老子用理字條錄。新亞學報，第一卷，第一期。
註五五：王弼，周易注（一）坤卦二，「夫體無剛健，而能極物之情，通理者也」。（二）噬卦二十一，「噬乾胏而得剛直，可以利於艱貞之吉，未足以盡通理之道也」。（三）睽卦三十八，「同於通理，異於職事」。
註五六：王弼，周易注。
（一）必然之理——豫卦十六，「明禍福之所生，故不苟說。辯必然之理，故不改其操」。

（二）所以然之理——乾卦一，「夫識物之動，則其所以然之理，皆可知也」。

註五七：周易略例，明象。

註五八：王弼，周易注，乾卦一，「夫能全用剛直，放遠善柔，非天下至理，未之能也」。

註五九：周易略例，明象。

註六〇：湯用彤，魏晉玄學論稿。一九五七，第四十八—四十九，六十二—六十三，六十七，八十五各頁。

註六一：新亞學報，第一卷，第一期，第一三七頁。

註六二：同上，第一三六，一四〇各頁。

註六三：同上，第一三六，一三八各頁。

註六四：Joseph Needham, Science and Civilisation in China：第二冊，History of Scientific Thought, Cambridge University Press，一九五六年，頁四七七。

註六五：（一）「理固自然，不患其失」。莊子，逍遙遊第一，郭象注。
（二）「付之自爾，而理自生」。人間世第四，郭象注。
（三）「夫明王皆就足物理，故人人皆云我自爾而莫知恃」。「因天下之自為……」等等。應帝王第七，郭象注。

註六六：莊子，人間世第四，郭象注，「不得已者，理之必然者也」。「任理之必然者」等等。

註六七：莊子，養生主第三，郭象注，「在寄道理於技耳」。

註六八：莊子，人間世第四，郭象注，「依乎天理，推之性命，若嬰兒之直往也」等等。

註六九：同上，「事有必至，理固常通」。

註七〇：莊子，德充符第五，郭象注，「則中與不中，唯在命爾。……凡所有者，凡所無者，凡所為者，凡所遇者，皆非我也，理自爾耳」。

註七一：莊子，在宥第十一，郭象注，「故理至則遺之，然後至一可反也。而三代以下，遂尋其事迹……」。

註七二：（一）「至理盡於自得也」。「至理無言」。「至理之來，自然無迹」。「至理暢於無極」。莊子齊物論第二，郭象注。

（二）「寄之至理，故往來而不難也」。大宗師第六，郭象注。

（三）「仁孝雖彰而愈，非至理也」等等。天運第十四，郭象注。

註七三：（一）「物物有理，事事有宜」。莊子，齊物論第二，郭象注。

（二）「通於一而萬事畢，一無為而群理都舉」。天地第十二，郭象注。

註七四：新亞學報。

註七五：郭象，莊子注，齊物論第二，「夫物情無極，知足者鮮，故得止不止」。「至理暢於至極」。

註七六：新亞學報，第一卷，第一期，頁一四〇。

註七七：Demiéville, 見 Annaire du College de France, 卷四十七（一九四七），頁一五三。

註七八：見前註六十四所引書。

註七九：嵇中散集，「夫至物微妙，可以理知，難以目識」（養生論）。「使奇事絕於所見，妙理斷於常論，以言變通達微，未之聞也」（答難養生論）。

註八〇：荀悅，申鑒，雜言下，「如謂理微謂之妙」。

註八一：見前註七十七所引書一五四頁。

註八二：弘明集，卷一，牟子理惑論，「問曰，吾子以經傳理佛之說，其辭富而義顯，其文熾而說美，得無非其誠，是子之辯也」。「是以詩書理子耳」。

註八三：四十二章經，第二章。

註八四：高僧傳，卷四，「支遁」。

註八五：見梁僧祐，出三藏記集。

註八六：Demiéville，前引（註七十七）頁三十。

註八七：湯用彤，漢魏兩晉南北朝佛教史，第九章，謂「道林之學，固自以為屬本無宗也」。又謂「蓋支公宗旨所在，固為本無也」。

註八八：高僧傳，見前註八十四。

註八九：弘明集，卷十三，郗超奉法要。

註九〇：郭象，莊子注，齊物論第二，「故無心者與物冥」。

註九一：弘明集，卷五，釋慧遠沙門袒服論。

註九二：弘明集，卷五，釋慧遠明報應論。
註九三：弘明集，卷五，釋慧遠沙門不敬王者，出家二。
註九四：弘明集，卷五，仝上，體極不兼應，四。
註九五：廣弘明集，卷十六，釋慧遠萬佛影銘。
註九六：肇論，卷五及卷六。
註九七：（一）「故無心者與物冥」。莊子，齊物論第二，郭象注。
（二）「然後統以無待之人，遺彼忘此，冥此群異」。「冥乎不死不生者無極者也」。「故理至則迹滅矣」。「夫堯實冥矣，其迹則堯矣。自迹觀冥，內外異域，未足怪也。世徒見堯之為堯，豈識其冥哉」？逍遙遊第一，郭象注。
註九八：同前註四。
註九九：肇論，卷六。
註一〇〇：同上。
註一〇一：高僧傳，卷七，竺道生。
註一〇二：見Liebenthal, "Tao-sheng and His Time," Monumenta Nipponica，十一十二合卷（一九五五至五六）。七十四，七十六，八十六，九十二，九十五，一百等等頁。
註一〇三：同上。又見竺道生，法華經疏。日本續藏經，一輯，二篇，第二十三套，第四冊。
註一〇四：同上。

註一〇五：同上。

註一〇六：大藏經，卷四十五，法藏，金獅子章。

註一〇七：同上。

註一〇八：王通，中說，卷四，卷五，（一）「子謂周公之道，曲而當，私而恕，其窮理盡性以至於命乎」？周公篇。

（二）「子謂黃帝曰，樂天知命如何憂，窮理盡性如何疑」？問易篇。

註一〇九：李文公集，「……命曰復性書，以理其心，以傳乎其人」。

「家齊而國理，國理而天下平」。復性書。

「昌黎韓愈得古文遺風，明乎理亂根本之所由」。薦所知於徐州張僕射書。

「天下之事，以助政理」。論事疏表。

註一一〇：徂徠先生文集，卷六。

註一一一：宋史，卷四二七，列傳一八六。

註一一二：陳榮捷著 Source Book in Chinese Philosophy, Princeton, Princeton University Press. 一九六三，第二十八章。

註一一三：周敦頤，通書，禮樂第十三。

註一一四：見周子全書。

註一一五：周易，說卦。

註一一六：「易曰，『窮理盡性以至於命』。所以謂之理者，物之理也。所以謂之性者，大之性也。所以謂之命者，處理性者也。所以處理性者，非道而何」？觀物內篇。

註一一七：「是以指節可以觀天，掌文可以察地。天地之理，具乎指掌矣」。「能循天理動者，造化在我也」。

「若得天埋眞樂，何書不可讀」？觀物外篇。

註一一八：觀物內篇。

註一一九：觀物外篇。

註一二〇：張橫渠集，卷五，卷十。

註一二一：同上，卷三，卷四。

註一二二：同上，卷二，卷十二，「然其為理也，順而不妄」。「……窮理盡性……此義儘有次序，須是窮理。便是盡得己之性，則推類又盡人之性。既盡得人之性，須是幷萬物之性，一齊盡得。如此，然後至於天道也」。

註一二三：同上，窮理。「諸子淺妄，有有無之分，非窮理之學也」。「自明誠，由窮理而盡性也。（注，人事所當然也）。自誠明，由盡性而窮理也。（天道之自然也）」「盡性窮理，而不可變，乃吾則也」。

「德不勝氣，性命於氣。德勝此氣，性命於德。窮理盡性，則性天德，命天理」。

「將窮理而不順理」。

「儒者窮理，故率性可以謂之道。浮圖不知窮理，而自謂之性，故其說不可推而行」。

「五十窮理盡性，至天之命，然不可自謂之至，故曰知」。

「窮理盡性，然後至於命」。

「窮理亦當有漸。見物多，窮理多，如此可盡物之性」。

「蓋禮者理也。須是學窮理。禮則所以行其義。知理則能制禮。然則禮出於理之後。今之上者，未能窮，則在後者，烏能盡」？

「須知自誠明與自明誠者有異。自誠明者，先盡性以至於窮理也。謂先自其性理會來，以至行理。自明誠者，先窮理以至於盡性也。謂先從學問以推達於天性也」。

「理則須窮，性則須盡。命則不可言窮與盡，止是至於命也。橫渠昔嘗譬命是源。窮理與盡性，如穿渠引源。然則渠與源是兩物，後來此議必改來」。

「二程解窮理盡性以至於命，止窮理便是至於命。子厚謂亦是失於大快。此義盡有次序。……學者須是窮理為先，如此則方有學。今言知命與至於命，儘有近遠。豈可以知，便謂之至也」？

「萬物皆有理，若不知窮理，如夢過一生。釋氏便不窮理，皆所以見病所致。莊生儘能明理，及至窮極，亦以為夢，故稱孔子與顏淵曰，『吾與爾皆夢也』，蓋不如易之窮理也」。

註一二四：同上，天理。
「上達反天理，下達徇人欲者歟」。
「所謂天理也者，能悅諸心，能通天下之志之理也」。
「在帝左右，察天理而左右也。天理者，時義而已。君子教人，舉天理以示之而已。其行己也，述天理而時措之也」。
「燭天理如向明，萬物無所隱」。
「天理一貫，則無意、必、固、我之鑿」。
「萬事止一天理」。
「今之性，滅天理而窮人欲，今復反歸其天理。古之學者便立天理。孔孟而後，其心不傳。如荀揚皆不能知」。
「以鏡居中則盡照，止為天理常也」。
「損益盈虛，天之理也」。

註一二五：同上，義理。
「今之人……其心正欲利祿縱欲，於義理更不留意」。
「但使常游心於義理之間」。
「吾徒飽食終日，不圖義理，則大非也」。
「不讀書，則終看義理不見」。

「蓋所以求義理，莫非天地禮樂鬼神至大之事，心不洪則無由得見」。
「不如游心於經籍義理之間」。
「大凡說義理，命字為難。看形器處尚易」。
「學者止是於義理中求」。
「道理須從義理生」。
「某學來三十年，自來作文字說義理無限」。
「書啓稱台僕，或以此言無義理。衆人皆台，安得不台」？
「某旣閒居橫渠，說此義理」。
「某比來所得義理，儘稱久而不能變，必是屢中於其間」。
「然某近來思慮義理，大率億度屢中可用」。
「今水臨萬仞之山，要下卽下，無復凝滯險在前，惟知有義理而已」。
「讀書求義理」。

註一二六：同上，順理。
「至誠則順理而利。僞則不循理而害」。
「將窮理而不順理，將精義而不徙義，欲資深且習察，吾不知其智也」。
「循天下之理之謂理」。

註一二七：見二程遺書，卷十八。

註一二八：同上，卷十一。

註一二九：詩經，大雅，蒸民；孟子，告子篇上。

註一三〇：見二程遺書，卷二上。此不必限定為程顥或程頤之語。兩程兄弟俱有此類見解。

註一三一：同上。

註一三二：同上，卷十五，十一，十八，十九，「天下之物，皆能窮，只是一理」。
「所以能窮者，只為萬物皆是一理。至如一物一事，雖小皆有是理」。
「然一草一木皆有理，須是察」。
「物物皆有理。如火之所以熱，水之所以寒。至於君臣父子之間，皆是理」。

註一三三：同上，卷十八；易傳，卷三。伊川門人劉承元問，「某嘗讀華嚴經。第一、眞空絕相觀。
第二、事理無礙觀。第三、事事無礙觀。譬如鏡燈之類，包含萬象，無有窮盡，此理為何？
（伊川）曰，只為釋氏要用遮。一言以蔽之，不過曰萬理歸於一理也」。
「問釋氏理障之說。曰，釋氏有此說，謂既明天理，而又執持是理，故為障。此僅看了理
字也。天下只有一箇理。既明此理，夫復何障？若與理為障，則是己與理為二」。

註一三四：遺書，卷二上。

註一三五：伊川文集，卷五；遺書卷三。

註一三六：朱子全書，卷四十九。

註一三七：遺書，卷十五，卷十八。

註一三八：上蔡語錄上。又見二程全書，外書，卷十二。

註一三九：遺書，卷六。

註一四〇：同上，卷十五。

註一四一：朱子全書，卷四十九。

註一四二：同上。

註一四三：同上。

註一四四：同上。

註一四五：象山全集，卷十一，與李宰書（二），「心卽理也」。

註一四六：同上，卷二十二。

註一四七：同上，卷三十四。

註一四八：傳習錄：

第三條，「心卽理也」。

第六條，「所以某說無心外之理」。

第三十二條，「心外無理」。

第三十三條，「心卽性。性卽理。下一與字，恐未免為二」。

第三十四條，「或曰，人皆有是心，心卽理」。

又見陳榮捷氏，英譯本王陽明傳習錄（Instructions for Practical Living）一九六三年，紐約，哥倫比亞大學出版。

註一四九：同上，「或曰，『人皆有是心，心卽理。何以有為善，有為不善』？先生曰，『惡人之心，失其本體』」。

註一五〇：同上，第三十八條，「遇父便謂之孝」。

註一五一：讀四書大全說，卷九。船山遺書。

按船山著述甚富，坊間僅出版有讀通鑑論，宋論，黃書三數種。尋之台北各圖書館，似無從獲見船山遺書以及其中之讀四書大全說。無何，託友人代借於中央研究院歷史語言研究所。雖喜得讀四書大全說一書，反復按查，但於陳先生所引諸語，僅 "At bottom principle is not…… can be grasped," "it is invisible," "The details and order……is visible." "Therefore the first time …… in material force," "Let us investigate……to restrict things," 五句，與船山書中可得其原句。至其餘諸句，語義彷彿可相通者固多，而如陳先生所引字句完全相應者則不可得。謹姑為意譯，並將其書中論理氣不二有關諸語，摘錄若干，以供參閱。若蒙陳先生與讀者諸君指出原句，以正拙譯之陋，固所深幸。

①「天地間只理與氣，氣載理而以秩序乎氣」。（卷三）

②「氣之妙者，斯卽為理。氣之成形，而理卽在焉」。（卷五）

③「虛靈之宰，具夫衆理，而理者原以理夫氣者也。則理以治氣，而固託乎氣。以有其理，是故舍氣以言理，而不得理」。（卷八）

④「理以治氣，氣所受成，斯謂之天。理與氣元不可分作兩截」。（卷九）

⑤「理，卽是氣之理，氣當得如此，便是理」。（卷十）

⑥「理者理乎氣而為氣之理也。是豈於氣之外，別有一理以游行於氣中者乎」？（同上）

⑦「理與氣互相為體，而氣外無理，理外亦不能成其氣。善言理氣者必不判然離析之」。（同上）

⑧「盡天下無非理者，只有氣處便有理」。（同上）（捷案：參看篇末附函）

註一五二：孟子字義疏證，「理」字第五條。

註一五三：同上，理字第一條。

註一五四：同上，理字第二條。

註一五五：同上，理字第三條。

譯後贅言

謹按陳榮捷先生，寖饋儒佛及諸子百家之學。在美講學多年，著述極富。而於經籍，英譯尤多。法嘗謂陳先生介紹中學之功，猶侯官嚴復氏之介紹西學也。英文原本載五十三年（一九六四）二月份清華學報，第四卷，第二期，頁一二三至一四八。原名“The Evolution of Neo-Confucian Concept Li as Principle”。其附註，多達一百五十餘條，而其間若干附註，僅縷舉其篇目。尙需繼續追查原書原句者，更不知多於原註若干倍。法荒陋，且無圖書之便。初譯時實不能自信可以終篇。但以陳文內容之富，有既竭吾才，欲罷不能者，而其間因尋查正文以及附註徵引各書原句所用之時間與心力，實更有甚於譯述本文。猶憶前歲夏嘗往中央圖書館查閱書籍。有求之甚易，亦有得之甚難者。有時因陳文所舉篇章段節，與圖書館所藏版本不同，勢不能拘於陳先生所引之章節與頁數，須另就原書查對。耗時既多，益以公務少暇，不能盡心力爲之，時作時輟。其中甘苦自知，但終覺始苦而後甘。每因發現經籍或佛典原文，正與陳先生所引全然相合者，衷心輒爲之一快，不覺炎暑之蒸人也。法因譯陳先生之文，得溫讀先秦諸子、魏晉玄學以至宋明淸諸儒之書，兼亦旁及佛典，優遊涵泳，幸何如之？亦有迻譯之際，間於原附註覺有未妥者。陳先生遠在美國，請益莫由。故於附註後，略加按語以存疑。又附註中，凡陳先生僅舉其書目篇章與頁數，並未細引原文者，法亦不憚其煩，進一步追查原書原句，以期吾人對我國先哲「理」之思想衍進之資料，更得有週詳之體認，而勿負於陳先生舉其書目章頁之原意。此類附註之份量，幾與本文原附註相埒，而法樂爲之。譯文匆就於五十三年初夏，置之案牘，忽近兩年，而兩年來坊間文哲諸論著，鮮有提及陳先生此文者，則陳文之亟待譯述流布，固不必斤斤於譯文之拙也。願整理刊出以就正於陳先生與讀者。　先法補註　五十五年五月

【萬先生中文譯本原載人生，第三十一卷，第六期（即總第三六六期）（民國五十五年，

一九六六，十月十日），頁十八至二十五；第七期（即總三六七期，十一月十六日），頁十一至二十。採入項維新與劉福增主編，中國哲學思想論集，宋明篇，民國六十五（一九七六），頁五十七至九十二。】

先法先生道鑒：敬啓者，拙作「新儒學『理』之思想之演進」承先生譯出登人生六、七兩期，並獎勵有加，以捷介紹中學擬嚴復之介紹泰西思想。贊許之隆，何敢當也？先生譯文誠得信達雅而過之，蓋採詞精確，既哲而文，遠非原作可及。且于捷所註一百五十餘條各各追查原句，其間多有捷只舉原書頁數，而先生則引原文以實之，另加王夫之等有關主題之句語多條。治學精進，誠譯述界所罕有也。捷注十一「禮記禮運」當如先生所言，應作「禮記禮器」。捷初稿只用號數，誤寫第九篇爲第十篇，後復用篇名，因此而失。註廿六以莊子第八篇至廿四篇爲外篇，乃捷筆誤。註二十七捷譯孟子盡心下「稽大不理于口」之理爲依賴，確如先生所料，依據 Legge 氏英譯。趙歧注理爲賴。說文云賴恃也、利也、取也。則譯理爲依恃，未爲全非。然如先生所引孫、焦、韋、趙諸家，雖各紛其說，總以訓理爲治、爲利、爲分辨，較爲近情，捷當改正。註一五一「讀四書大全說船山遺書卷五頁九」有誤有缺，致勞先生搜索，乃捷不檢之過。註應云「前半出讀四書大全說卷九頁五，後半出讀春秋左氏傳博議卷下頁四，均一九三三上海太平洋書店船山遺書本」。前半云，「氣者理之依也。氣盛則理達。……理本非一成可執之物，不可得而見。氣之條緒節文乃理之可見者也。故其始之有理，即于氣上見理」。後半云，「有卽事以窮理，無立理以限事。故所惡于異端者，非惡其無能爲理也，冏然僅有得于理，因立之以概天下也」。拙著以原文過長，關於明淸當代，語焉不詳，且錯漏必多，維先生爲文補正之。耑此，遙祝

著安

弟榮捷上　一九六六年十二月二十一日

附註：致萬先生書時，忽略註四一引句出處。今再讀譯文乃始發現。原文云，「性生于陽以理契」。出孝經緯，援神契編。太平御覽卷八六六引之。

一九六七、九、二十二。

白沙之動的哲學與創作

（民國五十二年十二月六日在香港白沙先生五百三十五年誕辰紀念大會演講詞）

明史本傳謂白沙先生之學「初本于周子之主靜程子靜坐之說」。其後談先生之學者，幾皆持此說。此點有二要點。一爲先生之主靜，一爲先生之學出于周子濂溪與程子伊川。然此僅足以言先生之學之一面，而未足以形容其學之全部也。請先略言先生之主靜。

先生嘗云，「伊川見人靜坐，稱其善。周子主靜發源，程門相傳」（與羅應魁）。又云，「周子主靜，一爲要。一者無欲也。遺書云，『不專一則不能直遂，不翕聚則不能發散』」。見靜坐而嘆其善學」（書蓮塘書屋册後）。又云，「舍彼之繁，求吾之約，惟在靜坐。有學于僕者，輒教之靜坐」（復趙提學）。且謂「佛氏教人靜坐，吾亦曰靜坐」（仝上）。是則致靜爲先生教人之根本方法。且可謂爲超乎周子程子之上。于是攻擊先生者指先生爲近禪，爲援佛入儒。而袒護之者則謂先生之靜非出于禪而出通書之靜虛與易經之虛受。凡此皆門戶之見，而埋沒儒學之偉大者也。夫主靜爲宋代理學家之共同趨向。其受佛家與道家之影響，無可諱言。然而儒者却少有肯承認之者。儒學之能于十一世紀復興而蓬勃，大放光彩者，正在其能採納古代之陰陽，道家之自然，與佛學之禪定，鎔于一爐，以爲其新材料之故。故吾人研究先生學說，實不能否認其主靜之有道佛成份也。然先生之靜，自有其特色。不特與佛道之靜迥異。卽與周子程子之靜，亦有所不同。此卽先生之動的哲學。

此之所謂動，卽先生所云「鳶飛魚躍之機」（夕惕齋詩集後序）。蓋先生之世界，乃生生活活之世界。川流不息，無往而非動。先生曰，「樞機造化，開闔萬象」，無非「鳶飛魚躍之機」（仝上）。宇宙不外「通塞往來之機，生生化化之妙」（送李世卿還嘉魚序）。吾人目之所觸，在在爲「日月晦明，山川流峙」，心之所感，處處爲「四時所以運行，萬物所以化生」（送張廷實還京序）。「默而觀之」，則「生生之機，運之無窮。無我無人，無古今，塞乎天地之間」（古蒙州學記）。蓋先生心目之中，「天地間一氣而已。屈信相感，其變無窮。夫變也者，日夜相代乎前。雖一息變也」（雲潭記）。在此動的宇宙，卽空寂亦充滿生氣。表面上似乎寂然不動，然一有所感，則遂通天下。誠如先生所云，「道至無而動，至近而神。故藏而後發，形而斯存」（復張東白）。蓋「此理干涉至大。無內外，無始終。無一處不到，無一息不運」（與林郡博）。以此之故，吾人能于日用之間，得「見鳶飛魚躍之妙」（行狀）。明乎此生生活潑之理，則知先生之靜，無非如簡又文所謂方法而已。其目的乃在參天地之化育，而非默然無語，拱坐山林也。

此動的哲學，溯其源固出于易經，或且出于孔子之「逝者如斯」。而直接影響先生者則爲程子明道。先生言靜，除上述所言周子主靜與伊川贊靜坐外，更謂「周子程子大賢也。其授受之旨曰尋仲尼顏子樂處。周程子此心，吾子亦此心也」（尋樂齋記）。以先生之主靜言，謂其學出于濂溪伊川則可。若謂其學之全部皆然，而恍若與大程子明道無關者，則大不可。

蓋以動之觀念言，則程子明道之影響，恐較濂溪伊川之影響爲大也。

生生之妙，宋儒皆言之。然周子太極圖說雖謂「萬物生生而變化無窮」，然周子之哲學系統並不着重此點。伊川有眞元之說，謂「眞元自能生氣」（遺書十五），令宇宙生生不窮，不「復資于既斃之形，既返之氣，以爲造化」（仝上）。此固是動的哲學。然其宇宙活潑之精神，仍遠遜于乃兄明道也。明道云，「生生之謂易，是天之所以爲道也。天只是以生爲道」（遺書二上）。是以宇宙充滿生氣。明道又曰，「天地之大德曰生。天地絪縕，萬物化醇。萬物之生意最可觀」（遺書十一）。鳶飛戾天，魚躍于淵，無非此生意之表現。其宇宙活潑如此。卽先生所謂「鳶飛魚躍之機」。若謂先生之學與明道無關，則又安能置信耶？

以上所述先生學說之兩大因素，一爲主靜，可謂來自周子與二程子。一爲生機，則來自大程子明道，無可疑者。先生取此二者併合之，爲其「靜中養出個端倪」（與賀克恭）。于此在理學史上開一新生面。端者始也，以時間言。倪者畔也，以空間言。端倪實指整個宇宙。卽謂靜中可以養出生生活潑的宇宙之意。先生所謂「宇宙在我」者（與林郡博），卽是此意。陸象山雖謂宇宙卽吾心，然乃心與宇宙同一之謂。非先生靜中勿助勿忘之心，可以養出生生大流的宇宙之謂。至周子之靜，其性質爲無欲，其目的爲立人極。與先生之靜中養出蓬蓬勃勃，充塞天地之生機，相去又遠矣。先生把主靜與生機併合，已是別開生面。且在此合併之中，又能以靜養出端倪，則又是一新生面。請注意「養出」二字。此二字指動的生產與動的成立。卽于靜中能發現此生生之宇宙，更可云再造此生生之宇宙。此點爲前人所未說過，先生始說之。遠出乎周子與象山體認之上。此先生之所以開理學一新紀元也。黃梨洲謂「作聖之功至先生而始明」（明儒學案白沙學案）。指其繼承前人而光大之。似未審先生之創作，大足以劃時代也。

或謂明道嘗云，「靜後見萬物自然，皆有春意」（遺書六）。又云，「鳶飛戾天，魚躍于淵。會得時活潑地，不會得時只是弄精神」（遺書三）。又云，「鳶飛戾天，向上更有天在。魚躍于淵，向下更有地在」（仝上）。謝顯道解此語曰，「蓋眞個見得如此。此正是子思喫緊道與人處」（仝上註）。豈非先生靜中養出端倪之說，亦出于明道耶？吾應之曰，先生鳶飛魚躍之意與明道同。然先生之異于明道有兩重要點。一者生生之宇宙之觀念只爲明道哲學之一部，而在先生則爲其哲學之中心。二者則明道之體會爲認識，爲接受，與象山同。尙未有先生之養出之創造性。談先生哲學者切勿忽略此點。若謂先生之學只在反宋儒之詞章訓詁，支離決裂，與外求于物，則其學只爲反動，而不知先生之能開明代之新門面者，實在其創作也。不只在靜中見動，且在靜中創出動來，此于周子二程與象山均大進一步矣。

【香港白沙文化教育基金會民國五十三年原刊。新天地，第四卷，第一期（一九六五年三月一日），頁十一轉載。又採入項維新與劉福增主編，中國哲學思想論集，宋明篇，民國六十五年（一九七六），頁二四七至二五〇。】

王陽明與禪

陽明之深受禪宗影響，爲學者所共知。然其與禪宗之實際接觸之並不多，而其攻擊禪宗反比宋儒爲更中要害一節，則反爲談王學者所未道。竊思有以表之。

宋明理學均有禪宗色彩。王學爲理學中心學之極高峰，其禪宗色彩更厚，自不待言。然攻陽明者於其與禪之關係則誇張之，關於其批評禪學則忽略之。此不可以不辯。

攻陽明之最烈者莫如與陽明同時之陳建（一四九七——一五六七）與陽明死後百年之張烈（一六二二——一六八五）。陳氏於其學蔀通辨中以全章痛罵陽明（續編，卷下）。然其千言百語，不外張大陽明與禪之相似而埋沒陽明與禪之所異。陽明云，「不思善不思惡時，認本來面目，此佛氏爲未識本來面目者設此方便。本來面目，卽吾聖門所謂良知」（傳習錄，中，答陸原靜書）。陳氏於此乃大爲不滿，不特痛擊陽明以禪之本來面目與儒之良知併爲一談，且謂陽明良知之說，全基乎釋氏本來面目說之上。於是謂其「源於老佛」，「只是尊信達摩慧能」。然陽明所謂本來面目，乃因陸原靜來書所引「六祖壇經」第一品「認本來面目」之言而重述之。實則陽明之良知與釋之本來面目，大相逕庭。如所衆知，良知之說出自孟子「盡心」章上。陽明擴之爲「致良知」。所謂致者乃實行良知所知之意。陽明云，「必致其知如何爲溫凊之節者之知而實之以溫凊，致其知如何爲奉養之宜者之知而實之以奉養，然後謂之致知」（傳習錄，中，答顧東橋書）。又云，「致此良知之眞誠惻怛以事親，便是孝。致此良知之眞誠惻怛以從兄，便是弟。致此良知之眞誠惻怛以事君，便是忠」（同上，再答聶文蔚書）。可見認識以外，特別重行。其與釋氏之說不同，昭然若覩。且陽明形容良知，絕少應用禪門宗旨或其術語。陽明謂良知爲「天理」，爲「虛靈明覺」（均答顧東橋書），爲「心之本體」，爲「恒照」，爲「未發之中，卽是廓然大公，寂然不動之本體」（均答陸原靜書），爲「天植靈根」，爲「造化的精靈」（均傳習錄下）。其中只「虛靈」與「恒照」兩詞有佛老意味，餘皆來自易與中庸之主要理學名詞。則其所謂「認本來面目」，亦偶然耳。張烈之攻陽明雖不至若陳建之乏理，然其王學質疑之側重陽明與禪之所同則一也。日本學者之擁護陽明者亦然。常盤大定（中國之佛教與儒道，頁四六三）之以陽明把良知看作認本來面目，其一例也。彼等斷章取義，只引陽明「卽吾聖門所謂良知」之語以爲毀譽，而不提陽明接着批評「不思善不思惡時認本來面目」之說。陽明云，「今欲善惡不思，而心之良知清靜自在，此便有自私自利，將迎意必之心。……良知只是一箇。良知而善惡自辨，更有何善何惡可思」？吾人苟讀其全段答語，可知其接納者少，批評者多矣。

以上所言，並非否認陽明之近禪，蓋彼之與禪宗接觸，事實俱在，無可掩沒。不過其影響並不若一般學者所言之甚耳。茲分別論之。

王學之中心思想爲心卽理。此說雖源自陸象山（一一三九——一一九三），而象山之爲禪風所被，已爲學者所公認。陽明本人醉心於老佛者幾三十年。嘗自云，「吾亦自幼篤志二氏。自謂早有所得，謂儒者不足學。其後居夷三載，見得聖人之學若是其簡易廣大，始自嘆悔，錯用了三十年氣力」（傳習錄上）。其思想如彼而經歷又如此，謂與禪宗無多大關係，豈可得耶？

且陽明每用禪語，又引禪門故事。如謂心爲「虛靈不昧」。又謂省察克治之功，應「常如貓之捕鼠，一眼看着，一耳聽着」（均傳習錄上）。「靈知」「不昧」二詞出自禪師澄觀（約七六〇—八三八）（景德傳燈錄卷三十）與宗密（七八〇—八四一）（禪源諸源集都序）。貓之譬喻出自祖心禪師（十一世紀後半）（五燈會元卷十七）。雖此詞喻朱子均已引之於前（見大學章句註經文「明明德」與朱子文集卷七一）。然陽明引用比宋儒特多。總計傳習錄中約四十次。

此外陽明又用禪家方術。此則爲宋代理學家所未曾有。據年譜陽明三十二歲時，嘗見禪僧坐關三年不語不視。陽明喝之曰，「這和尚終日口巴巴說甚麼？終日眼睜睜看甚麼」？僧驚起，即開視對語。大聲呼喝與故作倒語，爲禪師故技，陽明採用之。某次蕭惠問，「己私難克，奈何」？陽明曰，「將汝己私來替汝克」（傳習錄上）。此即菩提達摩「將汝心來替汝定」之倣用。又有問功夫不切者。陽明曰：「學問工夫，我已曾一句道盡。如何今日轉說轉遠，都不着根」？對曰，「致良知，蓋聞教矣。然亦須講明」。陽明曰，「既知致良知，又何可講明？良知本是明白。實落用功便是。不肯用功，只在語言上轉說轉糊塗」。曰，「正求講明致之之功」。陽明曰，「此亦須自家求。我亦無別法可道。昔有禪師，人來問法，只把麈尾提起。一日，其徒將麈尾藏過，試他如何設法。禪師尋麈尾不見，又只空手提起。我這個良知，就是設法的麈尾。舍了這個，有何提得」？少間又有請問功夫切要者。陽明旁顧曰，「我麈尾安在」？此禪師故事出處不詳。然陽明之採用禪法，此其著也。

然綜上所述，皆屬毛皮，無關宏旨。日本久須本文雄謂陽明好遊佛寺，足爲其深染禪學之證。據其所調査，陽明的確參訪佛寺四十間。此等佛寺分散在中國各部之八行省。其無明文記其訪問者，或另有四十餘處。當其四十九歲時曾遊佛寺十三次，每次留宿一二星期（王陽明の禪的思想研究第五章）。日本學者遂以此種旅行爲陽明好禪之實據。殊不知遊玩山水，乃我國文人之通習，並不足爲參禪之證。陽明或經其地，或須休息，實與其學術思想無關也。査陽明居寺最久八個月，然此乃其年三十二時尙未棄佛歸儒之事。此外只有三次，當其年二十三，留五日，三十一、四十二，與五十四時，居留一月許。其他只一二來復而已。

尤可注意者，則陽明並無與若何禪師有深厚交情，而宋儒與禪師則往來頗密。周敦頤（一〇一七—一〇七三）與張載（一〇二〇—一〇七七）均受學於常總。程顥（一〇三二—一〇八五）與佛者在寺中討論終日。而未聞陽明有此也。雖明代禪學不若宋時之盛，堪與陽明講學爲友之禪師，殆無其人。然此益足證陽明與禪家關係之淺耳。

日本學者每引陽明與桂悟了庵（一四二五—一五一五）相會之事以示陽明之好佛。日本流傳有陽明「送日東正使了庵和尚歸國序」，而陽明全書不取焉。了庵留華約一年半，惟其入明之年則傳說不一。或云一五〇六，或云一五一〇，或云一五一二。有謂陽明屢訪，有謂邂逅相遇。未知孰是。日本記載謂兩者遇於鄞江，卽寧波近地。陽明正德二年、八年均遊此間，則序所謂「予嘗過焉」，亦或有之。細驗序之文筆語氣，並非無出自陽明之可能。然序作於正德八年五月（一五一三）。根據年譜，此正陽明與友同遊四明、奉化、寧波等地之時。是年二月至五月間了庵在南京準備歸國。陽明翌年四月陞鴻臚寺卿，掌招待外賓，五月乃至南京。豈一年以前已着意此寺，因而與外賓發生好感，乃爲序贈之耶？然此序不見陽明全書。豈成書時尚未發見耶？抑編者斷之爲僞而棄之耶？抑又以其對佛家表示好意而固擯之耶？實則序中於了庵人格則推崇極至，謂其「法容潔修」，「楚楚可觀愛」。而在理論方面，不過提及了庵曾示陽明一文論儒佛之異同，並「與之弁空」而已。統而觀之，卽此序認爲可靠，亦不外應酬文章耳。

陽明不特少與禪師接觸，而引佛經語亦少而又少。此又陽明與宋儒一大異處。陽明雖多用禪語，而直引佛經文句者，傳習錄只得一見，卽傳習錄中答陸原靜書第二所引金剛經第十品「無所住而生其心」之語是。前引「不思善不思惡」之言，非陽明所自引也。

至於陽明之批評禪宗思想，在學理方面，比宋儒爲尤甚。蓋陽明專意攻擊禪家關於心之見解，此其與程朱之所不同。朱子評佛，乃從社會、倫理、歷史、哲學各方面着手。程頤亦側重實際方面。惟陽明集其全力於禪家基本觀念，指出禪家心說之無理與其「不著心」說之自相矛盾。如是陽明攻擊禪宗之中心學說，視宋儒爲進一步。陽明本人之根本思想亦在乎心，則其攻擊禪家心說亦至自然。

陽明對於禪之批評，散見其書文語錄，尤以傳習錄爲最着力。全錄三百四十三條中有關佛教者凡十七條。其中只兩條專論佛家倫理。卷上王嘉秀問「佛以出離生死誘人入道」。陽明答以「所論大略亦是」。又陸澄錄云，「只說明明德而不說親民，便似老佛」。其餘十五條皆以佛家之心的觀念與其相同思想爲目標。吾人可撮合爲四點言之。

（一）禪宗心說之不能成立。無思無念，爲禪宗思想。神會（六七〇——七六二）特以無念爲教，以後成爲南宗之主要法門。陽明則以要人心無念乃根本不可能之事。傳習錄上正之問，「『戒懼是己所不知時工夫，愼獨是己所獨知時工夫』（朱子中庸章句第一章）。此說如何」？陽明答曰，「『戒懼卽是知。己若不知，是誰戒懼？如此見解，便流入斷滅禪定」。又曰，「戒懼亦是念。戒懼之念，無時可息。……自朝至暮，自少至老，若要無念，卽是己不知。此除是昏睡，除是槁木死灰」。換言之，有是心，卽不能無是念。人生於世，實無無念之可能。

（二）佛家云不著相，亦實著相。壇經云，「何名無念？無念法者，見一切法，不著一切法。遍一切處，不著一切處」（敦煌出土六祖壇經第三十一節）。又云，「悟此法者，卽是無念，無憶無著。……於一切法不取不捨，卽見性成佛道」（第二十七節）。如是皆無所著。然以陽明觀之，佛家雖如此云云，其實則著了相。陽明云，「佛氏不著相，其實著了相。吾儒著相，其實不著相。……佛恐父子累，却逃了父子。怕君臣累，却逃了君臣。怕夫婦累，却逃了夫婦。都是爲個君臣父子夫婦著了相，便須逃避。如吾儒有箇父子，還他以仁。有箇君臣，還他以義。有箇夫婦，還他以別。何曾著父子君臣夫婦的相」（傳習錄下）？蓋陽明以盡仁盡義，乃是無著，而逃避倫常，正是著於私意。陽明又云，「仙家說到虛，聖人豈能虛上加得一毫實？佛家說到無，聖人豈能無上加得一毫有？但仙家說虛，從養生上來。佛家說無，從出離生死苦海上來。却於本體上加却這些子意思在，便不是他虛無的本色了，便於本體有障碍」（傳習錄下）。在陽明眼中，旣於本體上加上私意，則心有所著也明矣。

陽明又云，「無善無惡者理之靜，有善有惡者氣之動。不動於氣，卽無善無惡，是謂至善」。薛侃問，「佛氏亦無善無惡，何以異」？陽明答之曰，「佛氏著在無善無惡上，便一切不管，不可以治天下。聖人無善無惡，只是無有作好，無有作惡，不動於氣」（傳習錄上）。又評佛氏不思善不思惡之說曰，「今欲善惡不思，……欲念無生，此正自私自利」（傳習錄中答陸原靜第二書）。總言之，在陽明看來，不論禪家如何說法，其心始終不能無著。

（三）佛之頓悟與常惺惺，皆非心之全體大用。禪宗主明心見性，定慧兼修，以求頓悟。然陽明以此頓悟爲「空虛」，不若儒之格致誠正，使學者本心於「日用事爲間，體究實踐」（傳習錄中答顧東橋書）。禪家教人「常惺惺」，「常提起念頭」。陽明則教人以「必有事焉」（孟子公孫丑上）。蓋人心不應止於驚醒戒懼，而應於日常事爲之間用功。陽明且以提起念頭與實際行事爲不可分別，知行合一。彼云，「戒懼克治，卽是常提不放之功，卽是必有事焉。豈有兩事耶」（傳習錄中答陸原靜第二書）？

（四）佛家養心之方，於世無補。或問，「釋氏亦務養心。然要之不可以治天下，何也」？陽明曰，「吾儒養心，未嘗離却事物。只順其天則自然，就是功夫。釋氏却要盡絕事物，把心看做幻相，漸入虛寂去了。與世間若無些交涉，所以不可以治天下」（傳習錄下）。

以上陽明之批評佛家之心的觀念，特別從心之功用上着想。此又王與朱子不同之點。朱子「觀心說」（朱子文集卷六十七）謂佛家析心爲二，以一心觀別心。又云釋氏混心性爲一（朱子文集卷六十）。二者皆言心之體，而陽明則側重心之作用。大概在體上說，陽明之心說與禪家之心說頗近，故不能不於心之作用處，闡明其與禪之不同。所以攻禪，亦即所以自衞也。

然陽明之批評禪學，正如明儒之批評陽明，皆不免門戶之見。於禪宗之好處與其偉大貢獻，均不置一詞。只攻其出世，而忽視其聖俗並重。即於佛家之心說，亦欠了解。如無念云云，並非如槁木死灰，而乃本體清淨，不爲法相所動，實與道家之自然與儒家之無意、無必、無固、無我，根本上無大分別。不過陽明堅持思必見諸行，知行合一。此則不特於禪爲進一步，即於宋儒理學亦進一步。此則陽明之不朽處也。

【原載人生，第二十七卷，第十一期（即總第三二三期）（民國五十三年，一九六四，四月十六日），頁七至九，十三。英文本 "How Buddhistic is Wang Yang-ming?"（王陽明之禪的程度若何），載 Philosophy East and West（東西哲學），第十二卷，第三期，一九六二，頁二〇三至二一六。轉載Ram Jee Singh編World Perspectives in Philosophy, Religion, and Culture（哲學，宗教，與文化之世界透視），印度，Patna，一九六八，頁三十一至三十七】。

康有爲論仁

康有爲之學術貢獻，普通皆以其在乎三世思想、大同主義、新學僞經、與孔子改制四事，而不知其在儒家哲學本身方面，亦有特殊意義之貢獻。梁啓超比新學僞經考、孔子改制考、大同書三書爲颶風，爲火山大噴火，爲大地震（註一）。然此三書非討論儒家哲學之書。有之亦偶爾及之而已。於是一般中國哲學史僅言康氏大同思想與其新政觀念，而於其儒學思想不加一語。殊不知康氏一生動機與其進行方向，皆基於儒家基本觀念，而且於此觀念有新穎之發揮者。此觀念卽孔子以下儒者所念念不忘之仁。

仁之觀念爲儒學之神髓，孔子所常談，比論孝弟忠信爲多，非如論語子罕篇所謂之「罕言」。論語四百九十九章論仁者佔五十八，仁字凡用一百零五次。其義由孔孟而經漢唐宋明諸儒步步開展，以達康有爲譚嗣同之新仁學，相得益彰。作者曾述仁之觀念之演進頗詳，今總括如下（註二）：

（一）詩書之仁皆爲特殊道德，孔子始以仁爲基本道德，百善皆本乎此。孔子乃以仁爲其倫理之基。

（二）歷代論仁解釋不同。或以爲人心，或以爲親，或以爲愛，或以爲人相偶，或以爲覺，或以爲恕，或以爲與天地爲一體。朱子以爲「心之德，愛之理」。

（三）最持續有力者爲以愛爲仁之說。

（四）愛卽博愛。然愛必有差等，親親而仁民，仁民而愛物。愛由親始。

（五）仁者無所不愛，故天人合一。

（六）仁不只是心境，態度，或感覺，而是人與天地萬物之活的，動的關係。

（七）仁爲萬善之本，「人心也」。天地生生之源。

（八）因此仁不僅是倫理的，而亦是形上的。

（九）清末以來，雖有努力將仁之形上性質加強，而儒家特重仁之活動倫理性貞健如故，爲儒家古今不衰之一貫傳統。

康氏之仁的思想，卽由此傳統蛻脫而來，更作進一步之發展。一八九一年康氏三十四歲在廣州長興學社講學，分志道據德依仁游藝四科，而以仁爲正鵠。謂「爲仁小者爲小人，爲仁大者爲大人。……故學者學爲仁而已」（註三）。彼以孔子之教全基乎仁（註四）。又以大同之世爲行仁之世（註五）。大同書云，「大同之世，極仁之世也」（註六）。在彼之意，釋迦、耶穌、孔子皆志在救世，故皆大仁之人（註七）。簡言之，仁爲人類之最終目的而亦爲大功業大教訓之精髓。故梁氏謂其師之哲學爲博愛之學。其教以仁爲基礎，以世界之基，萬物之生，國家之存，道德之發展均在於此（註八）。

然則康氏之仁的見解如何？康氏語仁之言，只散見於大同書、董氏學、禮運註、與孟子微諸書，無系統，少發揮。於是學者遂以康氏於仁無特見，卽其徒於清代學術概論敘述康氏思想，亦無一語及之。然康氏於仁之開展，確進一步，且有奇異之思。請分八點略言之：

（一）仁爲不忍之心。彼云，「不忍之心仁也，靈也，以太也。人皆有之。故謂人性皆善。既有此不忍人之心發之於外，卽爲不忍人之政。……故知一切仁政皆從不忍之心生。……人類之仁愛，人類之文明，人類之進化，至於太平大同皆以此起」（註九）。又云，「不忍人之心，仁心也。不忍人之政，仁政也。雖有內外體用之殊，爲道則一，亦曰仁而已矣」（註一〇）。仁爲不忍之心，源自孟子。然在孟子仁爲四德之一，其性特殊。在康則爲諸德之根，眞美善均以此出，此其大異也。此處祖述孔子之說，並無新創。然康特重不忍人之心，以代孔子之己立立人，己達達人。想係因當時中國內憂外患，生民塗炭。故一九一三年發行期刊稱爲不忍雜誌，大同書首章稱爲「人皆有不忍人之心」，分人間之苦爲六，卽人治之苦，人生之苦，人性之苦，天災之苦，人所尊尚之苦，與人道之苦。係受佛家影響。佛家悲觀，與儒家樂觀不同。康氏以生爲苦，顯去儒家甚遠。然其目的在於施仁，則終是儒家精神也。

（二）仁爲愛同類。康氏將仁者愛人與仁者相人偶合而爲一，解作愛同類，亦卽愛人類。人相偶爲鄭玄（一二七—二〇〇）之說，見其中庸注。宋儒每以心境看仁。周敦頤（一〇一七—七三）以公代之。謝良佐（一〇五〇—約一一二〇）看作覺。朱子集大成而登諸極峰，釋爲心之德，愛之理（註一一）。如此抽象看法，原與宋儒心性之學魚水和諧。清儒阮元（一七六四—一八四九）反之，曰，「詮解仁字不必煩移遠引，但舉曾子制言篇人之相與也譬如舟車然，……中庸篇仁者人也，鄭康成注讀如相人偶之人數語足以明之矣」（註一二）。此之側重不在抽象而在實際。此風至十九世紀末葉而益盛。康氏繼之，自無足怪。故雖鄭氏爲古文學大師而康氏爲今文學泰斗，兩者對於經之態度，大異其趣，而亦述鄭氏仁人相偶也之言（註一三）。不過康氏更進一步，而謂愛與相偶，則爲其同類也。大同書云，古者「故以愛類爲大義，號於天下，能愛類者謂之仁，不愛類者謂之不仁。若殺異類者，則以除害防患，亦號之爲仁。……然則人之所愛者，非愛其子也，愛其類己也。……故尊父母，子女愛類之本也。兄弟宗族者，愛類之推也」（註一四）。

愛人類之意顯然反映近代大同主義。康氏於西方大同主義與基督教博愛之訓印象甚深，不難受其影響。然康氏之根還在孔子。孔子云，「四海之內皆兄弟也」（註一五）。至於愛人類之言，則出自董仲舒（前一七六—一〇四）。董氏云，「仁者所以愛人類也」（註一六）。然董氏著意之點仍在於愛，其人類之意，不過承繼傳統汎愛思想推而廣之以包全體人類而已。孔子曰，「汎愛衆」。孟子曰，「仁者無所不愛」。墨子主兼愛。博愛之詞始見於韋昭國語注，又見孝經。徐幹（一七一—二一八）以之釋仁。韓愈（七六八—八二四）更言「博愛之謂仁」（註一七）。以上諸家雖至汎至博，重點仍在於愛。而康氏註董氏之言，則不只言愛而且言類。「類爲孔子一大義。聖人之殺禽獸者爲其不同類也。幾虱生於人而人不愛之，子則愛焉。同類不同類之別也」（註一八）。同類相愛蓋有其因。康氏云，「凡人性之見有同貌同形同聲者必有相愛之心」（註一九）。如此看法與傳統看法不同。傳統看法以愛之心性爲人所固有，發而充之，自然流露推廣，由親親以至愛全人類。其起點爲一人之心。類的看法則不然。其中心爲人類，其發動力在與人之所同，不止在本人之德性而已矣。以此看愛看人相偶，自是新穎。至於何以同類能至博愛，則康氏之答案，全然新創。其答案曰引力。

（三）仁爲吸引之力。康氏以人愛同類者，因類屬之間有互相吸引之力，發而爲愛。其言曰，「仁者人也。……仁從二人。人相偶，有吸引之意，卽愛力也。……人具此愛力，故仁卽人也。苟無此愛力，卽不得爲人矣」（註二〇）。大同書又云，「不忍人之心吸攝之力也」（註二一）。此語雖簡，然有兩重新義。一謂愛能攝引，因愛者與被愛者爲同類。一謂愛非爲心境而爲一種力，與宋儒之見相去遠矣。當然宋儒並非寂滅無爲。儒家傳統素來知行並重，宋儒亦然。王陽明（一四七二——一五二九）更主知行合一。淸儒顏元（一六三五——一七〇四）李塨（一六五九——一七三三）且側實習。公羊家以經爲史，蓋重實行。康氏爲公羊泰斗，其重行亦宜。是以有孔子改制之論與戊戌變政之舉。所謂行者，力之意也。程頤（一〇三三——一一〇七）謂「公而以人體之故爲仁」（註二二），卽涵此義。不只人之用力體行，而是仁本身自有其力，亦卽是自然之力。可謂康氏無意之中，將仁與客觀自然界聯繫，又一新局面矣。

（四）仁爲以太，爲電。大同書謂古人惻隱之心疑卽西人所稱之以太（註二三）。康氏又以吸引力等於電力（註二四）。又曰，「不忍人之心仁也，電也，以太也。人人皆有之」（註二五）。將仁與西方科學相提並論者，決然此爲首次。康氏於科學所知極淺，或因電以太等新名詞當時流行，故採用之。其言散雜，似未透思。或作比喻之詞而已。或因其於電力深有所感，且信以太有攝吸之能，亦未可知。然康氏向此道走，亦非無故。彼受董仲舒影響甚大。董子以萬有存在之力曰元。康氏繼之曰，「孔子之道，運本於元，以統天地」（註二六）。董氏之學以氣爲元之運行。康氏論之曰，「天地之間若虛而實。氣之漸人，若魚之漸水。氣之於水，如水之於泥。故無往而不實也。……董子此說窮極天人之本。今之化學豈能外之哉」（註二七）？逆料康氏之意，宇宙存在之間必有一普遍實體。此實體是否以太，電是否在此實體運行，未嘗言明。卽以太與電之關係亦不清楚。然仁如以太如電，卽謂仁在客觀的實體中運行，而非只出自個人之覺心，似無疑問。

（五）仁者與天地萬物爲一體。大同書首篇云，「夫浩浩元氣，造起天地。天者一物之魂質也，人者亦一物之魂質也。雖形有大小，而其分浩氣於太元，挹涓滴於大海，無以異也。……神者有知之電也。光電能無所不能」。又云，「吾既有身，則與並身之通氣於天，通質於地，通息於人者，其能絕乎」（註二八）？馮友蘭評之曰，「此實卽程明道王陽明仁者以天地萬物爲一體之說，而以當時人所聞西洋物理學中之新說附之，生吞活剝，自不能免」（註二九）。康氏誠然繼述宋明諸儒萬物一體之傳統。康云，「萬物一體者，人者仁也。（註三○）」又云，「萬物一體，慈惻心生，卽爲求仁之近路」（註三一）。然此中有三項新元素：一爲合爲一體乃力之運用，二爲合爲一體乃互相吸引之成果，三爲合爲一體乃一自然現象。馮氏並皆失之。

（六）仁爲生生之理。理學家所謂天人合一，並非單純合一之謂，乃是參贊化育之謂。此卽是「元」。康氏複述此說。彼云，仁「在天爲生生之理，在人爲博愛之德」（註三二）。又云，「天，仁也。天覆育於物，旣化而生之，旣養而成之」（註三三）。凡此於理學家所說無所發明。本來康氏可以其仁卽力也之說，加強其生機活動，出乎宋儒之上。而乃並未至此，殊爲可惜。仁爲創化生機之觀念，程氏兄弟發揚之。程顥（一〇三二—一〇八五）曰，「萬物之生意最可觀。……斯可謂仁也」（註三四）。程頤曰，「心譬如穀種，生之性便是仁也」（註三五）。其徒謝良佐云，「桃杏之核可種而生者謂之桃仁杏仁，言有生之意，推此仁可見矣」（註三六）。朱子（一一三〇—一二〇〇）亦曰，「仁流行到那田地時，義處便成義。……都有生意在裏面，如穀種桃仁杏仁之類」（註三七）。康氏於此諸說皆忽略之。康氏之世，西方生物學與意志哲學盛行，且已東漸。同時佛家唯識種子轉識之說，經南京內學院歐陽竟無（一八七一—一九四三）等復興，而對於康氏仁爲生生思想，絕無影響。究竟彼與科學唯識接觸仍屬有限，故未能利用之，使生生之說更進一步。

（七）仁出於天。此實董仲舒說。董云，「人之受命於天也，取仁於天而仁也」。又云，「仁天心」（註三八）。康氏重述之，無所發揮（註三九）。

（八）仁有差等。儒家傳統論愛，皆有差等。人應汎愛衆，「四海之內皆兄弟也」。唯愛由親始，故「親親而仁民，仁民而愛物」（註四〇）。故「孝弟也者其爲人之本與」（註四一）。「仁之實，事親是也」（註四二）。「人者仁也，親親爲大」（註四三）。蓋由近及遠，差等有殊，而仁之爲愛，實無異也。宋儒謂一本萬殊。仁，一也，所在皆然。然施之不同，以故萬殊。此爲平面看法。康氏鼓三世之說，變平爲直，以時間言仁。謂「亂世親親，升平世仁民，太平世愛物。此自然之次序無由躐等也」（註四四）。釋之曰，「孔子之三世之法，撥亂世仁不能遠，故謂親親。平世仁及人類，故能仁民。太平世衆生如一，故兼愛物。仁既有等差，亦因世爲進退大小」（註四五）。即是說須至太平之世人類乃能將仁完全實現。故云，「我於太平世而後能仁，蓋太平之世行大同之政，乃爲大仁。小康之世猶未也」（註四六）。又云，「凡世有進仁，仁有軌道。世之仁必有大小，即軌道有大小。未至其時，不可強爲」（註四七）。簡言之，「仁雖極廣博而亦有界限也」（註四八）。此界限不是儒家傳統親疏之界限，而是歷史進程之界限。至於何以在撥亂之世不能全仁，則康氏並未說明。

總言之，康氏承儒家遺產，以仁爲至德，而致大同。又因受佛教與西方科學之影響，配以悲苦、以太、電等思想。爲因以仁爲其大同主義之道德根據，乃以仁爲不忍之心，爲愛同類，爲攝引之力，於是繫仁於科學而伸之於客觀世界。仁至於此，上峰極矣。

註一：清代學術概論，頁一二九。

註二：英文「東西哲學」，第四卷，第四期（一九五五年正月），頁二九五—三一九。

註三：長興學記，頁四。

註四：春秋董氏學，卷一，頁四。
註五：禮運注，頁一。
註六：大同書，一九五六年本，頁二八九。
註七：禮運注，大同書，均頁十二。
註八：康南海傳。見飲冰室文集，二集，卷三十九，頁六十七。一九二六年上海中華書局本。
註九：孟子微，卷一，頁二至三。
註一〇：同上，頁三。
註一一：周子，通書，第三十七章；上蔡語錄（正誼堂全書本），上，頁二；朱子全書，卷四十七，頁三十七。
註一二：論語論仁論，見揅經室集，上，頁八。曾子制言篇，見大戴禮記，卷五。
註一三：孟子微，卷一，頁三。
註一四：大同書，頁二八七。
註一五：論語，顏淵篇十二，第五章。
註一六：春秋繁露，必仁且知篇第三十。
註一七：論語，學而篇第一，第五章；孟子，盡心上，第四十六章；墨子，兼愛上中下；國語，四部叢刊本，卷三，頁三；孝經，第七章；徐幹，中論，四部叢刊本，第一章，頁三十四；韓愈，原道。

註一八：春秋董氏學，卷六上，頁二十四。
註一九：孟子微，卷一，頁三。
註二〇：中庸注，頁二十一。
註二一：大同書，頁三。
註二二：遺書，卷十五，頁八（二程全書，四部備要本）。
註二三：大同書，頁二。
註二四：中庸注，頁二十一。
註二五：孟子微，卷一，頁二。
註二六：春秋董氏學，卷六上，頁五。
註二七：同上，頁九。
註二八：大同書，頁二，頁三。
註二九：中國哲學史，頁一〇一八。
註三〇：論語注，卷八，頁五。
註三一：孟子微，卷一，頁十五。
註三二：中庸注，頁二十。
註三三：論語注，卷一，頁二。
註三四：遺書，卷十一，頁三。

註三五：遺書，卷十八，頁二。

註三六：上蔡語錄（正誼堂全書本），卷上，頁二。

註三七：朱子全書，卷四十七，頁三。

註三八：春秋繁露，王道通三第四十四，與兪序第十七。

註三九：中庸注，頁二十；春秋董氏學，卷一，頁四；卷六下，頁一；論語注，卷一，頁二。

註四〇：孟子，盡心上，第四十五章。

註四一：論語，學而篇第一，第二章。

註四二：孟子，離婁上，第二十七章。

註四三：中庸，第二十章。

註四四：大同書，頁二八九。

註四五：孟子微，卷一，頁四。

註四六：論語注，卷十三，頁六。

註四七：孟子微，卷一，頁四。

註四八：董氏學，卷六上，頁二十四。

原用英文，載Lo Jung-Pang（羅榮邦）編，K'ang Yu-wei, a Biography and a Symposium（康有爲傳記與康氏討論集）（一九六七年），頁三五五—三七四。今譯其意。原文繼論康氏對於譚嗣同（一八六五—一八九八）之影響，指出譚氏仁為以太之說，來自康氏，而較精微。其仁為「通」之論，雖遠溯易經繫辭上第十章「感而遂通」，然不離康氏攝引說之沾染。然康氏每仁智並重，譚則以「天地間亦仁而已矣，無智之可言也」（譚嗣同全集，頁十三）。此其大異也。

【原載人生，第三十三卷，第三期（即總第三八七期）（民國五十七年七月十六日，頁二至五】

西方對于儒學之研究

（民國五十二年十一月八日在香港東方人文學會演講詞）

西方學者之研究儒家思想，已二三百年。至今乃始漸上軌道。此二三百年中，大抵可分爲四期。十七八世紀爲第一期，爲制度及其思想之研究。十九世紀至一九三〇年前後爲第二期，爲宗教之研究。近三十年許爲第三期，爲社會科學之研究。最近十年間爲第四期，爲哲學之研究。時期之劃分，雖非截然，而各期之研究精神，則顯而易見。

（一）十七八世紀之研究儒學者，以天主教教士爲多。彼等之研究才力，在當日可謂之上乘。彼等熟識中文，能直接研讀儒家典籍。以故能與我國學人交游，且爲講友。利瑪竇與徐光啓之以文會友，最噲人口。彼等研究之重點，在儒家之基本制度及其思想。其努力之成果，可於儒學對於歐洲啓明運動之影響見之。

歐洲啓明運動，自有其歷史與哲學之因素。即非與中國發生智識關係，亦勢所難免。然我國之制度思想，的確激盪其發動，加強其論據，充實其內容。影響之最著者爲考試制度。俄法英美均採用之。雖其考試不及乎貴族，與我國考試原則，大相逕庭。然在當時世襲社會之中而有此破天荒之舉，不可不謂爲奇蹟。法國革命，最少亦有一部分爲儒家德治主義所激動。歐洲經濟學派亦深受儒家民生思想所浸染。儒家之自然觀與性善論與當時歐洲傳統思想針針相對，尤爲革命思想家所樂道。在哲學方面，萊布尼茲之單子論，簡直是邵雍數理哲學之產兒。凡此皆我國與西方思想交流最爲光輝之一頁。當日時機適合，中外學者有所接觸，可謂天時地利人和。故結果之佳，有如此者。

（二）至第二期之客觀條件，適與第一期相反。十九世紀之研究儒學者，仍是傳教士。然此等教士之能讀儒家典籍者，少而又少。因而與我國文人接觸，可謂絕無而僅有。彼等目擊我國之衰頽腐弊，乃感覺我國文化思想實無留意之價值。彼等只以宗教爲出發點，從其宗教立場，專以儒學作宗教看，以利便其佈道而已。在十九世紀之後半期，英人理雅各所譯之四書五經，已漸流通。此譯甚爲正確，水準甚高，至今仍然適用。二十世紀以來，西方對儒學宗教以外之思想，又日生興趣。然大致言之，其研究仍集中於作爲宗教之儒學也。此中討論最多之儒家思想有二。一爲孔子之天的觀念，一爲儒家之愛的理論。

關於孔子之天的觀念，有不少西方學者謂孔子爲懷疑者，舉論語「性與天道不可得而聞」與「天何言哉」之言爲證。此爲片面之見，昭然若睹。孔子五十而知天命，曰「唯天爲大」，又曰「天喪予」。有何懷疑之可言？彼等固不知論語諸註對於「不可得而聞」之種種解釋，又不曉「天何言哉」之自然主義，乃係孔子以義理之天替代商代之人格神，而強調天之精神性與道德性也。更有謂孔子「敬鬼神而遠之」，爲對宗教不生興趣或且不誠者，蓋亦不審人文主義之進展而已。商人尚鬼，周人則重德好禮，所謂「天道遠而人道邇」，故敬而遠之。此重人亦即所以尊天也。

西人稱孔子「己所不欲，勿施於人」之敎爲「消極的金律」。又稱爲「銀律」。以示不比基督「愛人如己」之金律之完美。不知消極詞語每每表達積極的意思，如「無限」，「無極」等等，實至積極。且有時比積極詞句更爲有力。孟子有云，「所欲與之聚之，所惡勿施爾也」。可知孔門之律亦金亦銀。一看朱熹之論語集註，劉寶楠之論語正義，或楊樹達之論語古義，便知由古及今，無一註家作消極解者。且孔子曰，「仁者己欲立而立人，己欲達而達人。能近取譬，可謂仁之方也已」。所謂近卽近於己者。推己及人，由忠而恕，與愛人如己，其義一也。

西方學者又謂孔子「以直報怨」較諸耶穌「愛敵如友」之訓，顯爲消極。然勿論孔子之言是否批評道家以德報怨。而所謂直者，絕非如西方人之所解釋爲報復之義，或爲聖經舊約「以目報目，以齒報齒」之義。夫不念舊惡，爲孔門明敎。此所謂直者乃「人生也直」之直，卽合乎道德正義之意。不外謂報怨應以道義爲主，不應以感情用事耳。孔門之敎曰「汎愛衆」。又曰「博施濟衆」。絕不容有報復之餘地。

西方學者又謂儒家敎人愛有差等，我國家族主義之厚此薄彼，可爲儒家愛有厚薄之明證，實與汎愛衆不符。我國家族主義之劣點，不可勝數。使孔子復生，將必再爲「天喪予」之浩嘆矣。然孟子「親親而仁民，仁民而愛物」，不能作愛之份量多少解，而應作愛之種類之差別解。愛一而已。實施之則有所不同。仁者愛之理。施之於父則爲孝，施之於兄則爲友。此卽宋儒之所謂一本萬殊。因愛之種類之差別，乃有表示之親疏。亦如各國社會上之應酬饋贈，厚薄不同。好意則一，表示則萬殊也。

以上所述，一面以儒學作宗教看，一面側重其比較缺點，爲第二期研究之普遍見解。至此期之末葉，則漸漸注意到儒學宗教思想以外之學說，且間有了解孔子之寶訓確爲金律者。故西方對儒學之瞭解，乃有日臻明朗之勢。

（三）第三期之研究，以社會科學爲範圍。其進展比前期甚大。誠以近數十年來社會科學發達迅速，開學術界之新紀元。隨而研究儒學者亦以歷史政治等之命題爲主。與上期混儒學宗教爲一談者大不相同。且客觀條件，又再得天時地利人和之美。蓋二次大戰以來，世人皆望和平。西人均認爲欲享和平，非各民族互相瞭解不可。故對於各大文化之思想，熱情探討。於我最古而獨能長存之中華文化，額外注意，此天之時也。英美諸國均設中國文化研究中心，在美尤甚，此地之利也。研究者多識中文，能直接攻讀中文書籍。加以學者多親來東方研究，同時我國學者亦多游歐美。於是交游切磋，日盛一日。打破第二期之黑暗與隔膜，此人和也。研究學者多爲社會科學中人，因而儒學亦多爲社會科學研究之對象。

此期研究之範圍廣大，方法亦多。然大致可歸納爲五個問題：一爲孔子是否爲改革家，二爲中國是否一個儒的國家，三爲孔子是否權威主義者，四爲中國是否有法家之傳統，五爲所謂儒家是否應從其實行上研求之。茲略略論述如下。

西方學者素來以孔子爲聖者，爲大偉人，可謂無有例外。然在彼輩心目中孔子乃守舊復古人物。好「仍舊貫」。每思反乎堯舜文武周公之世。我國人食古不化，使彼輩結論信而有徵。但近數十年來西方歷史學者對於我國歷史上之改革家如王莽、王安石、康有爲、孫中山等興趣甚濃。見彼等學說皆以儒學爲根基。康氏更有孔子託古改制之說。再近胡適又有孔子爲新進儒者之論。於是對孔子是否守舊，信疑參半。少數學者更一面知孔子要復周室，要重行三年之喪，顯是復古。然同時又知孔子不言帝而言天，拋棄商人之人格神而推進道德神之觀念。彼等又知孔子少以「君子」一詞作貴族解而多以之作全德之人解。此爲有史以來所未有。且孔子又爲主張「有教無類」及以文行忠信教人之第一人。顯是革新人物。以故西方學者以孔子爲守舊者有之，以之爲改革家者亦有之。卽在今日亦莫不然。

我國人論史，每謂西漢儒家獨尊之後，中國乃儒者之天下。所謂文人政治，所謂文物之邦，所謂德治社會，皆儒的國家之素描。於是西人亦謂中國爲儒的國家。自西方歷史學興盛以來，乃漸知魏晉隋唐七八百年之間，佛家道家不但操縱宗教，亦且把持政治。其於藝術經濟之影響，更無論矣。近年我國學者研究新道教與佛學甚盛，成績昭著。日本學者亦大有貢獻。益使西方學者中國並非純然儒的國家之印象倍加深刻。

西方學者一方面謂中國非儒的國家，而一方面又謂中國社會與政府之權威主義，來自儒家。彼等以國民與人民兩政府均爲專權機構，而此權威性非爲外來思想所鑠成，而乃係儒家思想之遺產。彼等好引孔子「三年毋改於父之道」，「毋違」，「民可使由之，不可使知之」等語爲據，而忽略「事父母幾諫」之道義至上，「匹夫不可奪志」之獨立精神，與「民爲貴，社稷次之，君爲輕」之民主主義。謂儒者未能實行孔孟之教則可。謂孔孟思想爲權威主義則千萬不可也。同時西方學者又好談儒家天命之說，謂中國歷史上朝代之興替，每以得天命失天命為解釋。天命之說為儒者所倡。受命者聿修厥德。重德不重力。是則儒者又非權威主義者矣。

儒學為權威主義說以外，又有中國素有法家傳統之說。或謂儒學傳統之內含有法家傳統之成份。似謂歷代霸主之專權，非出自儒家之陽為德治而陰實專權，而乃出自自古延傳不絕之法家傳統，或儒家裏面之法家成份。換言之，二千年來之中國，不只是儒家之天下，而亦是法家之天下。此說近十餘年乃始盛行，顯然為政治現象所薰染。然謂有強橫君主，濫用權威，便是法家傳統之存在，無異謂中國社會之素來主張正名分，便是有名家傳統之存在。其可通乎？秦火而後，法家雖仍得勢數十年。然二千年來絕無一個特出之法家學者，亦無一本重要之法家著作。四庫全書三千四百餘書，法家只佔八種而已。若謂儒家用法，卽係法家之成份，則謂儒家談道，卽係道家之成份可耶？儒家非無法，不過堅說「齊之以刑，民免而無恥」，與「徒法不能以自行」耳。

至於從實行上研究儒學，在西方實為新方法。十年前若干美國學者得基金會之資助，邀請專家四五十人，研究四年，開會四次，每次日夕共同討論一星期，專門研究「行動上之儒學」。卽專重儒學在社會上之如何實施與儒者個人之實際行動。中國學者之參加者有二三社會學家。此亦着重社會科學之本色。會議後曾刊行四本論文集，頗引人注目。

夫儒學實施之好醜成敗，值得探究，自不待言。然研究者只問某某儒者之行為，某某王朝之政績。而於儒者之原理學說，不加理會。

卽以朱子爲例。所討論者乃朱子之生平，而其生平中又特重其政治生涯上之出處去就。至于朱子開批評考證之風，明格物致知之學，確立道統，與其他繼往開來之大事業，視之若與歷史無關者。不免有先後倒置，專求其用而忘其體，舍本逐末之嫌。結果對儒者之行動其評價應如何，亦無深厚意義之結論。

（四）近十年與此社會科學的研究同時進展者爲哲學之研究，更進爲理學之研究。研究儒家哲學，非研究理學不可。誠以此之所謂理學，又稱新儒學，乃儒學之花之怒放，不但先秦儒學之精裝本而已也。卽以理學之中心思想理之觀念而論。先秦儒家之理的觀念甚微。發展之者爲墨子莊子與韓子。以後經過新道家王弼之理一與郭象之理多，以及佛家法藏之事理融圓，乃有理學之理一分殊。又以儒學基本思想仁之觀念而論。由孔子以仁爲全德進而至孟子與中庸之「仁者人也」，至漢儒之以仁爲愛，韓愈以之爲博愛，至宋儒乃以仁者與天地一體。步步開展。儒學至理學乃達高峯。故非研究理學不可。

西方之研究理學不自今日始。早在七十年前，性理精義已譯德文。周子著作亦有選譯。五十年前有王陽明傳習錄之英譯。四十年前朱子全書若干卷亦翻英文。接後又有張載正蒙之法文選譯。然皆流行不廣，聲響杳然。至最近十年，理學之研究乃突開一新局面。可稱之爲儒學之哲學研究時期。馮友蘭中國哲學史下卷以大部分述評理學，于一九五三年譯英。同年周子通書譯法，朱子近思錄譯德。五年後又有二程之專書討論。一九五六年英人李約瑟所著之中國思想史理學占一大部分。期刊論文之論宋明理學者亦日漸多見。唐君毅君之張子氣論卽其例也。同時夏威夷大學舉行東西哲學大會三次，每次集世界大哲學家于一堂，專討論東西哲學六星期。儒家哲學當然爲其討論一中心點。我國居美學人如張君勱、梅貽寶、施友忠、謝扶雅、柳無忌輩，亦先後提倡。柳君著儒家哲學小史，張君著理學之開展，凡二册。美國學者亦漸有專門研究理學者，如哥倫比亞之（Wm. Theodore de Bary教授是也。筆者于一九四五年爲東西哲學大會寫中國哲學小史時卽以中國哲學之進展爲三期，爲三部曲，而以理學一曲爲音韻最豐，時間最長。及被邀爲「中國」，「中國傳統諸源」等書寫若干章時，特重理學，爲前書寫一章，後書寫數章。又應哥倫比亞大學東方經典叢書委員會之約，譯傳習錄與近思錄爲英文。前者本年出版，後者尙在印刷中。筆者又編譯「中國哲學資料書」，凡四十二章，以十七章歸宋後哲學。最近世界哲學界聯合編輯哲學百科全書，共八册，五百萬字爲四十年來哲學之精華，以世界哲學權威七十餘人爲編輯委員。書中特設中國哲學一門，邀筆者爲主編。筆者除担任中國哲學短史之外，另寫朱子，二程，王陽明等專篇。又請我國旅美哲學專家張君勱，梅貽寶，施友忠，謝扶雅，柳無忌諸君分任其他諸篇。外人之重視中國哲學，此爲前所未有。當然此只是起點，大有待乎推進擴大。現時在美國大學設理學專科者只施氏一人，設中國思想科者亦不過一二十處。然凡研究中國歷史宗教與思想者，至少亦要提理學之名。美國大學設比較宗教或人類宗教科者約五六百處，敢必其大半涉及朱王也。九層之塔，始于坏土。前途如何，在吾人之努力如何耳。

【原載人生，第二十七卷，第五期（即總第三一七期）（民國五十三年，一九六四，一月十六日），頁二至五。】

捷案：關于研究宋明理學之發展，請參看下文篇末之附語。

美國研究中國哲學之趨勢

（陳榮捷博士為美國達慕思大學Dartmouth College 中國哲學與文化教授及崇基書院遠東學術研究所名譽研究員。此文為陳氏於一九六三年十一月七日在該所作公開學術演講之講詞。）

西方之研究中國哲學，幾有一百年之久。蓋理雅各James Legge 于十九世紀中期譯四書五經爲英文，立下研究基礎與供給根本材料。以後雖未有若何進展，而西人對於中國思想之興趣，却並未斷絕。在美國方面，近十餘年間且有蓬勃之勢。此中原因不一。一者第二次戰爭以後，美國人士追求人類自相殘殺之原因，因而研究人類思想，益加努力。二者戰後繁榮，餘閒與日俱增，除旅行娛樂外，不免多看書籍，連中國思想之書，亦兼瀏覽。三者美國戰後鑒於美國在世界上佔得領袖地位，物質武力之外，還須思想。故大學教育方面，極重基本教育，文科尤加注意。四者美國人以中共統治中國，必非全靠外力，而必與中國本來思想有關，故特別留意中國哲學。五者戰後美國學生之讀中文者人數日多。其結果爲英譯之外，亦可多讀原文。因而知四書五經之外，中國之豐富思想如玄學佛學理學等，尚屬不少，乃加强其研究中國思想之興趣。六者我國學人之哲學專家居美日多，陸續發表文章，刊行專著，廣事提倡。其著名者有張君勱教授、梅貽寶等博士，謝扶雅、施友忠、柳無忌等教授。美國學學者之專中國思想史者不下二三十人。不可不謂爲可喜可慶之事。在此強健發展情形之下，美國對於中國哲學之研究，遂發生兩大變化。茲略述如下：

第一種變化爲由局部研究先秦哲學擴展而研究中國哲學史之全部。百年以來，中國哲學之研究幾限於理雅各氏所譯之四書五經與其所譯及別人所譯之老莊。雖宋明理學家著作如張子（張載，一〇二〇——一〇七七）正蒙等早有法文譯本，王陽明（王守仁，一四七二——一五二九）之傳習錄與朱子全書之若干卷亦有英譯，然皆不流行。遂至在美國人心目中，所謂中國哲學不外乎先秦哲學。于此生出兩錯誤。一以秦火以後中國哲學無發展，一以中國思想爲守舊。

美國人甚少涉及秦朝以後之中國哲學書籍。故在一般人之印象中，連大多數學者之印象中，秦漢以來之思想不外先秦諸子之註脚。極其量亦不過先秦諸子之發揮而已。若云新進展或創作，則未有也。儒家之教，始終仍是孝悌忠信，修齊治平；道家之教亦到底清淨無爲。使美國人心目中認中國哲學無進展之印象更深。因其未讀秦漢以後典籍之故，自然不審中國思想之進展，其目的雖無大變，而學說則層出不窮也。茲舉儒家一二說以證之。

中國哲學之根本問題爲人性問題。歷代儒家言性，人有異說。宋儒之說與孔子所云，可謂相去萬里。孔子言性，未下定義，只云「性相近，習相遠」。究竟其主張爲性善性惡，或善或惡，非善非惡，無從斷定。自孟子言性善，荀子言性惡，揚雄言善惡混，漢儒大都主張性善情惡，韓愈有三品之說，宋儒則謂性卽理，以後性心性氣之辯，無代無之。其思想之轉變，日新月異，不能謂只爲孔子言性之發揮而已也。

又以孔門言仁而言。其學說之演進，更爲劇烈。孔子以「博施濟衆」，「己立立人」教仁，亦未下定義。然以仁爲諸德之總名，已較書詩以仁爲特殊道德之一爲大進步。中庸孟子進而與仁字爲新穎之解釋，曰，「仁者人也」。漢人以愛說仁，鄭玄（一二七—二〇〇）說仁爲「相人偶」，均開闢新園地。韓愈（七六八—八二四）擴爲「博愛」。宋明儒更擴爲「與天地爲一體」。步步進展，以至於康有爲（一八五八—一九二七）譚嗣同（一八六五—一八九八）以電與以太比仁，則視朱子所云者「心之德，愛之理」，又不知前進幾千里矣。

美國人之研究中國哲學限于先秦，故又以中國思想爲守舊。蓋如以前所說，儒道目標，千載不易。近世紀中國社會之守舊與儒家之復古亦不能否認。然中國思想之本身，雖有其守舊之成份，而在在擴新亦復不少。前舉性仁兩例，已足爲中國根本思想並非泥古之證。此外可舉之例尙多。如孔子好言命。然孔子言命處，宋儒多言理。朱子常言程伊川之解論語每與孔子本意不同，則程子非守舊也。又以言行關係之問題言。孔子主言顧行，行顧言。言行仍分爲二。至王陽明則言行合一。則王陽明亦非守舊也。此外可舉之例尙多，可不贅矣。

美國人以中國哲學爲無進展而守舊之觀念仍甚普遍。我國學人在美之名爲寫中國哲學全史而實只寫先秦者尙有其人，益足以增強此錯誤觀念。所幸近年美人眼光漸寬，逐步擴大其視線以及乎中國哲學之全部。馮友蘭之中國哲學史前編，卽先秦篇，早已譯英。後篇，卽秦漢以後，亦于一九五三年譯英刊行。馮書爲基本課本，使學子讀之，能覽中國哲學之全景，裨益莫大焉。繼之以H.G.Creel氏之中國思想（Chinese Thought）與柳無忌氏之儒家哲學小史（Wu-Chi Liu, A Short History of Confucian Thought），均由古至今，總述全部，惜仍以上古爲重耳。筆者于東西哲學期刊（Philosophy East and West）中卽于中國哲學之上期中期下期，平等待遇。在大英百科全書內之中國哲學短篇亦然。最近出版之中國哲學資料書（A Source Book in Chinese Philosophy）則四十二章中，宋後哲學佔十七章。蓋特重宋後理學與現代哲學，不只冀讀者得覩中國哲學之全豹也。由於各方之努力，美國之研究中國哲學現正由先秦局部而漸及全史，此至可慶幸之變化也。

另一變化則由宗教而哲學。由于歷年研究中國思想者幾全爲傳教士，自不免以儒學道學均作宗教看待，最少亦以儒道之哲學與宗教混爲一談。道家與道教均譯爲Taoism。儒學與儒家所支持之傳統宗教均譯爲Confucianism。佛家之哲學與宗教，均譯爲Buddhism。其混宗教哲學爲一，至爲明顯。中國哲學之書，在圖書館分類中往往入宗教門。各大學之研究儒釋道三家者，除甚少數外均入宗教系。主教者亦泰半爲研究神學之人。故凡有宗教意味者，如儒家之上帝觀與祭祀禮，道家之鬼神，佛家之天堂，則研之津津有味。其富有哲學性之基本觀念，如儒家之性論，道家之自然等等則忽略之。甚且專以宗教立場解釋之。如以儒家立命之說爲定命論是也。國內學者近年大唱儒學非宗教之說，大概乃因此西方混亂思想而發。其實儒學雖非宗教團體，而信神靈重祭祀則任誰不能否認者也。近年哲學與趣漸增，研究三家者有哲學專家與漢學專家。其立場不限於宗教，故于儒釋道之宗教與哲學之別，亦漸清楚，而于宗教與哲學之明白，大有進步焉。

以上以中國哲學整個而論。以下分儒釋道分別論之。

西方研究佛學，素以英法德為重心，蓋崇佛諸國多為該三國之殖民地也。然第二次大戰以來，此三國佛學權威以次謝世，後起無人。同時美國人士到東方參加戰事甚多。戰後又到東方研究。美國之研究獎學金日多，研究交換程序亦日盛。于是青年學子之習熟中文、日文、梵文、巴利文以至藏文者人數日增。結果乃養成後起之秀，為歐洲所不及。研究佛學之中心漸由歐洲移至美洲。此一事實，實戰後學術界之一大轉變也。

美國研究佛學，素重禪宗，而禪宗之中，又特重臨濟。蓋臨濟大師日人鈴木大拙博士在歐美鼓吹，凡四十年。其英文譯著有十餘種。講佛學者，無不以其著作為根據。執弟子禮者，亦不乏其人。臨濟宗主張頓悟，一任直覺，故反對理知，不遺餘力。美國人因二次大戰爭之痛苦，認為科學理知之失敗。故戰後極趨宗教信仰。禪宗之直覺主義乃隨之而盛行。近年說禪者，甚為時髦，即食物店亦有論禪書籍發售。宗教家、心理學家、與藝術家，均以禪之清淨無著，頓悟眞理，為實現人生之新途徑。英人 Alan Watts 氏在美國無線電台與電視鼓吹特盛，遂使禪風幾遍全國。日本曹洞宗學者以臨濟宗喝棒方法，不過方便之一門，而佛家素來定慧兼修，理知直覺，並行不悖。乃開始以英文著作，介紹曹洞宗循循善誘之風于西方，使得覩禪宗之兩方面。我國學者張澄基先生（C.C.Chang）著禪之學習（The Practice of Zen），亦雙方並重。張君並進行華嚴哲理之介紹。筆者除英譯敦煌出土六祖壇經已刊行外，亦於所編中國哲學資料書（A Source Book in Chinese Philousophy）一書中譯述唯識、天台、華嚴各一章，以期西方學者于佛學禪淨以外，多得其深奧哲理之瞭解。張鍾元博士已譯景德傳燈錄若干篇，陳觀勝博士不久亦着手譯「妙法蓮華經」。可見美國之佛學研究，方興未艾也。

在道家方面，道德經英文譯本不下四十餘種，而以英人衞理 Arthur Waley 所譯之 The Way and Its Power 爲最上權威。人人引用，幾以其解釋爲不可移易之標準。彼一方面受梁啓超等人之影響，一方面反映西方近日之流行學說。于老子則謂絕無其人。以史記之老子傳內容衝突爲不可靠，莊子等書關於老子之言行不外傳說，而孔子適周見老子等史話皆爲僞造。于老子書則認爲戰國時代作品。彼以老子書之文體爲公元前三四世紀之文體。此兩說在美甚爲風行。幾至凡信老子有其人或信老子書爲前六世紀思想之結晶者，皆被目爲守舊或不學無術。

Waley 等人所反映之學說，大都爲我國三十年前之學說。其譯本出世於三十年前，反映當時中國學說，殊不爲怪。所怪者我國學說早已轉變，而西方學者仍不免落後耳。所幸彼輩近年已漸與我國近年學說接觸。知孔子適周見老子之事爲可能。卽無實據，亦較老子無其人之說爲近情近理。史記關于老子之三項記載，表面上似有衝突，實則並無不可相容之處。

只司馬遷時各地傳說有所不同耳。至於前三四世紀文體，已經胡適等人詳細辯論，並無所謂某世紀之文體。老子道德經內之「仁義」、「千乘」等詞，「于」、「於」等字之用法，並不限於戰國。而反對苛政，攻擊虛文禮義，更不是某一時代之專有物。所以近日美國學者已漸放棄老子無其人之說，而認老子爲周守藏史之說爲可信。然多數學者仍以老子書爲戰國時代之產品。實則書或成于戰國，而思想與重要句語則出於六世紀前之老子。此說漸爲我國學界所公認。外國人之接受此說者，亦漸有其人。

至於註解老子則責重神秘主義與瑜珈看法而加以性學意味。R.B.Blakney 所譯之The Way of Life: Lao Tzu，完全以老學爲神秘主義。譯者係宗教家。其觀點如是，自在意中。其書甚爲流行，影響頗大。此神秘主義之觀法，乃西方傳統之見解。流行已近百年，Blakney 不外繼承之而已。然漢學者如Waley 與荷蘭之Duyvendak（譯Tao Te Ching, The Book of the Way and Its Virtue）亦持此論調。結果道家哲學與道教混亂不分，且埋沒道家之自然主義，爲可惜爾。譯者從神秘立場，遂以老子書爲瑜珈一類之書。解「玄覽」爲黑沉沉之鏡，卽神秘內鑑之意。又以「長視」爲印度式長時間之呆視，作爲數息之一種。殊不知老子之「長視久生」，不外永久之意，並無日後道教求長生方術之意味也。Waley 等更以房中術與求長生及瑜珈止觀有關，故解「天門開闔」爲陰具之開合，謂其目的在求長生或達到神秘境界云。

西人譯老子絕少參考註解。有之則側重河上公注。事實上河上公注老子者少，藉老子而發揚其求長生之神秘主義者多。近年我國學人在美之談老者，多重王弼注。其趨向在乎研究道家之自然哲學。希望以後美國學者在此方面增多瞭解。年來湯用彤關於魏晉玄學之著作與日本漢學者塚本善隆關於玄學之考證，均得若干美國學者之注意。因是王弼思想已有少數人研究。此則於老子自然哲學之認識，不無少補也。

美人均崇拜孔子爲具有絕大智慧之聖人，無不驚訝其思想之有現代精神。英譯論語數種，均甚通行，亦以Waley 所譯爲學者所重。然目下對於孔子之教，仍有兩誤解，一舊一新。舊習相沿幾及百年，今雖略呈消滅模樣，然抱此誤解仍不乏人。此卽儒家倫理不免消極之說。彼等因孔子有「己所不欲，勿施諸人」之語，又曰「我不欲人之施于我也，吾亦欲毋加諸人」，遂作儒家消極之結論。其用意不外在乎顯出西方倫理之比較上乘。彼等每稱孔子之教爲「銀律」，與愛人如己之「金律」不同。殊不知消極之語，未必包含消極之意。如「無限」「無極」等詞，雖似消極，而其積極意義無以上之。我國從來解「勿施」者，不論漢儒如鄭玄，宋儒如朱熹，清儒如劉寶楠，無一謂其爲消極者。識孔子者莫過於孟子。孟子曰，「所欲與之聚之，所惡勿施爾也」。可知孔子中庸之道，有施有不施也。且孔子謂仁者「己欲立而立人，己欲達而達人」。又教人以「博施濟衆」。其說爲仁之方，則曰「能近取譬」。近者卽宋儒之解爲近而在己者。卽以待己者待人，亦卽愛人如己。此乃孔門忠恕之基本意義。蓋盡己之謂忠，推己及人之謂恕。有何消極之可言？關於此點，近來美國人士漸有瞭解。十年來大學最通行之比較宗教課本Noss 所著「人之宗教」（Man's Religions），強調孔子之敎爲積極，卽一例也。

最不幸者，當此舊誤解泯滅之際，新誤解乃因我國之政局改變而興。美國史學與社會學之漢學專家，大部分以國民政府與人民政府均爲權威主義，因而有謂中國整個社會爲權威主義，更進而謂中國傳統思想爲權威主義，而卒歸罪於孔孟。因孔子有「人可使由之，不可使知之」之語，遂謂孔子之政論爲專制，爲獨裁。又謂孟子分大人之事與小人之事，又分勞心勞力。以「治於人者食人，治人者食於人」，乃階級之統制。凡此不外美國學者對於我國政局之反感，認爲此權威主義必非來自外國，而乃中國固有之思想，卽儒家傳統之思想。孔子可使由不可使知之語，誠然難解。然此不過數百語中之一，而此語又註者紛紛，各異其說。若舉此一語以作全個學系之結論，豈非斷章取義耶？且孔子明明講「導之以政，齊之以刑，民免而無恥。導之以德，齊之以禮，有恥且格」。「有德行仁者王，有力假仁者霸」，爲二千年來儒家絕對不肯妥協之信仰。又有何權威主義之可言？且孔子談個人志意，則謂「三軍不可奪」。孟子談民志，則謂「國人皆曰可殺然後殺之」，又曰「民爲貴，社稷次之，君爲輕」。此則有口皆碑，在外國之談中國政治思想者，亦不能不悅服也。

美國學者不特在政治方面視儒家思想爲權威主義。在倫理方面亦如此。尤以儒家之敎孝爲富有權威性。好舉「三年毋改于父母之道」，「毋違」等語爲證。我國舊社會之家庭壓迫，無可否認。否則無近年家庭革命之事。然社會不良，乃社會不奉行孔孟敎訓之果，非其敎訓本身之果。卽如歐西戰爭，乃不奉行基督愛仇敵敎訓之果，而非其愛仇敵敎訓之果。且孔子所謂「無改」與「無違」，並非盲從，乃無改或無違其道義之教。故父母如有不合，爲子者亦應諫止。所謂「事父母幾諫」者是也。總之在最近之將來，在美國恐有反孔思潮。徒辯無益，必須將四書註解，多多譯英，又將歷代諸儒之註孔釋孟，尤其是宋明清理學家漢學家之儒學，大量介紹於西方，使彼方學者得知孔孟學說在過去二千年間之發展爲何如，歷代儒者對於孔孟之發揮修改又爲何如，方得有正當之認識。幸張君勱先生（Careun Chang）已以英文著宋明清理學（The Development of Neo-Confucian Thought）一册印行。施友忠教授特設理學科於華盛頓大學。哥倫比亞大學Wm. Theodore de Bary教授亦努力提倡理學。本人已譯二程子定性書、識仁篇、顏子所好何學論等文，與及周子之通書，朱子之近思錄，與王陽明之傳習錄，由哥倫比亞與普林斯敦（Princeton）兩大學分別刊行。同時英國李約瑟（Joseph Needham）教授劃時代之八册「科學與文化在中國」(Science and Civilisation in China)巨著中之第二册，專論中國思想，幾以全書三份之一討論理學。指出理學之科學精神與其與當代懷德黑Whitehead之生機哲學相同之處，極令人注目。謂西方研究儒學已入講求理學之階段，亦無不可也。

【原載崇基學報，第三卷，第一期（一九六三年，十一月），頁一至五。】

捷案：近二十年美國研究中國思想，躍進甚大。儒釋道之宗教與哲學，大概已分別清楚。儒教道德爲消極，已不再談。亦進而討論儒道之哲學概念。最放異彩者，則爲宋明理學之研究。近二十年來，著名大學數處有理學課程之設。博士論文專研理學者超過十數。在美國學會聯會支持之下而由哥倫比亞大學中國思想教授狄培瑞（Wm. Theodore de Bary）主辦之理學討論會，已七八次，中、西、日、韓專家參加者多。會議論文集均由哥倫比亞大學出版部刊行。十餘年來，筆者與狄教授同在哥倫比亞大學講授理學。又設立理學討論會，每月集美東對于理學感覺興趣之學者于一堂。狄氏與筆者連任主席者多年矣。學者理學專書，已有數種。期刊幾每期均有理學論文。理學研究之中心，昔在歐洲，今則已移美國。研討之盛，眞有一躍千里之勢。故筆者于一九七七年在美教學已滿四十年，撰詩抒情，有「廿載孤鳴沙漠中，誰知理學忽然紅」之句。在此濃厚空氣之下，筆者乃于一九八二年夏，組織國際朱熹會議，聚世界理學專家四十人于夏威夷島，另青年學者四十人，作十日之研究。學生書局同時刊出四書以助慶，卽劉述先之「朱子哲學思想的發展與完成」，蔡仁厚之「新儒家之精神方向」，與拙著「朱學論集」與「朱子門人」。可謂盛矣。

談拙著「中國哲學資料書」
(Source Book in Chinese Philosophy)

貫之仁兄道席。三日手書祗悉。航郵人生亦已拜領，謹此道謝。曩讀潘慕和先生所譯詩文，每嘆其信達而雅。其近著「談現行幾種英漢辭典」，取義精嚴，未嘗不心焉嚮往也。今承其評介拙編「中國哲學資料書」，嘉勵有加，感愧無極。此書出版剛已一年，書評有三四十。然不外從外表上贊揚數句，而能直向內容探究，又能窺見弟之選材目的在能使成一家之思想統系，如論語以「仁」之思想系之者，慕和君外，殆無其人。

潘君又舉出幾件與通常不同之譯文，如老子三十九章「不穀」作「無食物可吃」，八十章「甲兵」作「箭與兵器」，論語八佾「媚于竈」解爲「竈神」，雍也「敬鬼神而遠之」脚註說「鬼神」兩字尤指爲祖宗，季氏「困而不學」作「苦讀而仍不識」。香港出版英文雜誌 Eastern Horizon 八月份有L.G.君評介拙作，標題爲「驚人之作」，其贊許之厚，使我自慚倍增。然於「不穀」「甲兵」兩端，則直指爲誤。潘君則提出俾讀者參考，其寬大爲何如耶！

「不穀」之譯爲「不善」，似爲不移之論。杜註云，「不穀，不善也」。禮記曲禮「于內自稱不穀」。鄭註曰，「穀，善也」。爾雅釋詁亦云，「穀，善也」。均可爲證。然淮南子人間訓「不穀親傷」，高誘注云，「不穀，不祿也」。馬叙倫從之，伸釋老子「不穀」爲「不備」，謂「言不復食穀也」。徐鼒則以「不穀」爲「不祥」，章炳麟以「不穀」切音爲「僕」，更有以穀作轂或槃，強爲之說。是則議論並非一致。夫「孤寡不穀」爲自謙之辭，固無異義矣。然以「不穀」爲「不善」，乃係詮意而非釋字。且「寡」何以決爲「寡德」？卽勉強作如是解，然「孤」又何以一定爲不良？此甚難通。故弟直解字義，使讀者各隨其意，自爲詮釋。漢學者Duyvendak 譯「不穀」爲destitute（困窮），Waley 翻爲ill-provided（貧乏），意近之矣。

「甲」字弟原譯armor（胄），但書法潦草，打字者誤爲arrow（箭），而弟失之不察。如書得再版，自當改正之。「竈」解爲「竈神」，大概無誤。劉寶楠論語正義云，「灶，造也，造創食物也」。古人祭竈必先設主。劉云，「時人以灶設主，主者神之所棲」。拙註「養我們的飯食的」之「養」改爲「賜」，或可減少語病。或謂「竈」指灶下執爨之人，亦通。「敬鬼神而遠之」之「鬼神」二字，諸家均指普通鬼神之能惑人者，蓋與人相針對。禮記表記曰，「殷人尊神……周人尊禮，事鬼神而遠之，近人而忠焉」。此殷之鬼神包括正神，邪神，人神（卽祖宗），物神。然孔子不語怪力亂神，遑云敬之？弟爲免除讀者以鬼神爲妖怪，故下註脚側重人鬼，亦所以針對「未能事人，焉能事鬼」之言。至於「困而不學」之作「苦讀而仍不識」，意在解「困」爲「勉力」，卽正義「困學之事，當百致其功」之意。又又欲使此處之「生知」，「學知」，「困學」與中庸之「生知」，「學知」，「困知」相照。

故不採諸家解「困」爲「有所不通」之義。錢穆先生論語新解釋爲「經歷困境」，義更新矣。

以上解釋，本當加入脚註。然脚註已超二千五百以上，篇幅所限，無法再加。又所選材料，其中明引暗述，約一千次。弟欲一一溯其源自，使讀者得知我國思想之承前啓後，今古一貫。其來自十三經者，無大困難。若出於佛典與宋明著述，則如海底撈針，從何着手？其中竟有人人熟誦而莫審其源者，如朱子傳中庸首章謂「楊氏所謂一篇之體要」，當必指楊時而言。然屢查龜山語錄，龜山先生全集，與楊龜山集，均無此語。此外尙未查出來源者，有如下列。願讀者諸君有所發見，以時賜教焉。

（一）朱子仁說曰：「又曰：事親孝，事兄弟，及物恕」。前二句出孝經，後句不知所自。（拙作頁五九四）（捷索：近查得後句出二程遺書四部備要本，卷十一，頁五下、爲程明道語。）

（二）朱子全書四十二章引云，「天將降非常之禍于此世，必預出非常之人以擬之」。不知出處。（頁六三六）

（三）同章云，「康節先生又云：靜而不知所存，則性不得中」。查此語不見邵子全書。（頁六一九）

（四）同章云，「呂與叔謂物之性有近人之性者，人之性有近物之性者」。語不見宋元學案。（頁六二一）（捷索：此語見性理大全卷二九性字門下引藍田呂氏。不知是否出于其玉溪先生全集語錄。）

（五）同書第六十章云，「明道云：句句同，事事合，然而不同」。太田錦城疑問錄下云出自程氏遺書，然屢查不見。（頁六五一）（捷案：朱子文集卷五九答吳斗南第三書，四部備要本，頁二十三下亦引文。）

（六）中觀論疏卷二云，「經云：若法前有後無，即諸佛菩薩便有罪過」。指何經？（頁三三九）

（七）戴震孟子字義疏證節十三引佛家云，「即此識性，便是眞空妙有」。又云「眞空則能攝衆而應變」。查不見六十卷華嚴經，華嚴義海百門，華嚴旨歸，及還原觀。（頁七一五）（捷案：前語已查出自大正新修大藏經第四七冊，頁九一八，大慧普覺禪師語錄，卷二十五，答曾侍郎書。）

（八）戴書四一節引云，「徧見俱該法界，收攝在一微塵」。亦不見上舉諸書。（頁七二〇）（捷案：近查得語見景德傳燈錄四部叢刊本卷三，頁五上。）

（九）華嚴義海百門第一云，「經云：諸法從緣生，無緣則不起」。又云，「經云：即法界無法界，法界不知法界」。文內他引多出六十卷華嚴經，惟查無此二語，亦不見維摩詰經。（頁五一四，五一五）

（十）義海百門第一又引云，「論云：因不自生，緣生故生。緣不自生，因生故生」。此指何論？（頁四一六）

（十一）伊川文集四、顏子所好何學論云，「又曰：孔子則生而知也，孟子則學而知也」。

似係伊川本人之語。然否？（頁五四九—五五〇）

（十二）同上伊川又云，「故曰：顏子之與聖人相去一息」。是否一般人語？（頁五四九）

弟譯傳習錄（Instructions for Practical Living）（已出版）與近思錄（Reflections on Tnings at Hand）（印刷中），亦尚有數語未能溯其源者，茲不厭贅贅，一并錄之，希讀者垂教焉。

（十三）傳習錄拙譯二一二節云，「伊川說到『體用一原，顯微無間』處，門人已說是泄天機」。程語見伊川易傳序。日人註與大漢和辭典均謂語原出澄觀華嚴經疏註。然據太田錦城疑問錄上謂澄觀清涼大疏百卷，清涼語錄五卷，清涼玄義，皆無此語。查華嚴經疏註原一百二十卷，今佚六十餘卷。豈語本在佚文耶？澄觀註言體用顯微者甚多，卷三卷三五尤甚。且尚直所編歸元直指，引此語爲清涼語。賢首大師亦有顯微無間語。唐荊川（一五〇七—一五六〇）中庸輯略序云，「儒者曰，體用一原。佛者曰，體用一原。儒者曰，顯微無間。佛者曰，顯微無間。孰從而辨之」？豈伊川眞引佛語耶？

（十四）同上一〇七節云，「人人自有，箇箇圓成」。三輪執齋之標註傳習錄以此爲菩提達摩語，出自六門集云。其他日本註家從之。然查此語不見六門集。東敬治傳習錄講義，以此語爲出于六明集，且引一小段。然大藏經與續藏經均無此書。「六明」似係「六門」之誤。而引語又不見六門集。查楚石梵琦禪師（一二九六—一三七〇）語錄有「人人自是，個個圓成」語。是否禪師果述達摩耶？（捷案：承京都大學教授島田虔次函示一九七六出版之

「東西哲學の展望」内載大西晴隆「傳習錄への若干の補註」，頁七二五指出，圓悟克勤禪師「碧岩錄」第六十二則之唱評，有云「人人具足，箇箇圓成」。又其「圓悟語錄」卷十一與卷十三，及其「圓悟心要」卷下，亦云「人人具足，各各圓成」。則比楚石早矣。）

（十五）同上一三九節引「舜之不告而娶，武之不葬而興師，養志，養口，小杖，割股，廬墓」等事，諸事除割股外，均有先秦文獻可據。獨割股則諸註皆引宋史選舉志蘇軾曰，「上以孝取人，則勇者割股，怯者廬墓」。豈宋以前，無文可考耶？東敬治謂「魏書孝子傳張密至孝。爲御史時，母病，乃齋戒，股肉，和藥進之，遂愈」。查魏志、魏書並無孝子傳或張密傳。晉書李密傳有廬墓事而無割股事。孝友傳無張密之名。魏書孝感列傳亦不提張密。三輪執齋標註傳習錄云，「朱子考異之昌黎外集，黃氏日抄，事文類聚外集五月五日卜，瑯琊代醉二十卷等論之，李退溪自省錄亦論之」。朱子大學或問經文「治國平天下」項下亦提割股。然皆不詳出處。莊子盜跖篇介子推割股以食文公，此言忠而非言孝。楊聯陞告我新唐書卷一九五謂割股愈親係基于唐陳藏器本草拾遺之言。饒宗頤兄亦告以新唐書卷一九六王友貞割股愈親受旌之事。洪業、屈萬里等君亦均有指示。韓昌黎全集外集卷四鄂人對，有割股爲母瘳有請旌者，文公批評之。凡此皆唐典。果前此無之耶？（捷案：參看篇末案語。）

（十六）陳沆近思錄補註引朱子云，「東見錄中明道曰，『學者須先識仁。仁者渾然與物同體，義禮信智皆仁也』。極好，當添入近思錄」。程語見遺書二上，朱語則不見朱子語類卷九十七。（捷案：近查得朱子語見朱子語類卷九十五，第一二五「問明道」條。一九七

○年台北正中書局本頁三八八六至三八八七。）

（十七）陳又引云：「遺書晁氏客語卷中張思叔記程先生語云，欲格物固已近道一段，極好，當收入近思錄」。此語不見遺書二十一張思叔記，晁氏客語，與語類九十七。（捷案：朱子此段話載朱子語類，卷十八，第六十二「遺書」條。中正本頁六五一。程語未考。）

以上諸條，未審是否口傳，泛引，或書已遺失，願明者教之。賓四君毅佐禹兆熊等君處，請一一代爲致意，恕不另楮。敬此遙頌

著安

弟陳榮捷上　一九六四年十一月十七日

【原載人生，第二十九卷，第三期（即總第三三九期）（民國五十三年，一九六四，十二月十六日，頁八至九，三十一。】

捷案：拙譯「中國哲學資料書」（A Source Book in Chinese Philosophy）已于一九六三年由普林斯敦大學出版部印行。英譯「傳習錄」（Instructions for Practical Living）亦由哥倫比亞大學出版部同年出版。英譯「近思錄」（Reflections on Things at Hand）則于一九六七年由哥倫比亞大學出版部刊行。關於割股一項，一九八三年學生書局刊印之拙撰「王陽明傳習錄詳註集評」頁一八四至一八六，有一千七百餘字之註脚，可參考。

拙譯「近思錄」引言摘要

近思錄爲我國第一本哲學選輯之書，亦爲以後性理大全等書之典型。性理大全乃由一四一五年至一九〇五年科舉考試之根基，支配我國士人之精神思想凡五百年。謂此爲近思錄影響之擴大，亦無不可。

近思錄採周敦頤（濂溪）程顥（明道）程頤（伊川）張載（橫渠）之言，分道體，爲學，致知，存養，克己，家道，出處，治體，治法，政事，教學，警戒，辨異端，觀聖賢十四卷。摘北宋四子之菁華，集理學之大成。朱子講友劉子澄卽編近思續錄，門人蔡謨編近思續錄與別錄，至明而有江起鵬之近思補錄，高攀龍之朱子節要，孫承澤之學約續篇，至清而有劉源淥之近思續錄，朱顯祖之朱子近思錄，張伯行之續近思錄與廣近思錄，祝洤之下學編與淑艾錄，鄭光羲之續近思錄，汪佑之五子近思錄。或輯二程子門人，或選宋明理學家要言，或專採朱子精語，皆依朱子之近思錄分十四目。近思錄之內容形式竟支配哲學選錄之風氣達七八百年。

所謂「近思」者，蓋朱子採用論語子罕篇子夏「博學而篤思，切問而近思」之言。朱子論語集註之釋此語，集引二程子之言。明道曰，「學不博則不能守約，志不篤則不能力行。

切問近思在己者，則仁在其中矣」（外書，卷六）。伊川曰，「近思者以類而推」（遺書，卷二十二上）。蓋取其「關於大體而切于日用者」（朱子識近思序）。學者既明道體之梗概，便須識「講學之方，日用躬行之實。具有科級，循是而進。自卑升高，自近及遠」（呂東萊跋近思錄）。由爲學治己而推之治世學聖賢。因此之故，此書乃爲學者所必讀。朱子嘗云，「四子（四書）六經之階，近思錄四子之階」（朱子語類，卷一〇五），其重要有如此者。

近思錄乃朱子與東萊呂祖謙所共輯者。朱子門人黃榦嘗有是言（黃勉齋集，卷二），宋史藝文志亦明言「朱熹呂祖謙編」。然爲此錄第一個註家之葉采雖在其近思錄集解序中並舉兩者之名，而在進書表則單提朱子。以後註家如張伯行（近思錄集解），茅星來（近思錄集註），施璜（五子近思錄發明），皆不提東萊之名。日本註家殆皆如此。惟江永（近思錄集注）則每連稱朱呂。四庫全書總目提要謂「講學家力爭門戶，務黜衆說而定一尊，遂沒祖謙之名。但云朱子近思錄，非其實也」（子部，儒家類，二）。然若謂二者共編，似無主客之分者，則又不可。

考淳熙二年（一一七五）之夏，呂氏由東陽（浙江金華）過朱子之寒泉精舍（在福建建陽縣天湖山之陽），「留止旬日，相與讀周子程子張子之書。歎其廣大閎博，若無津涯，而懼夫初學者不知所入也，因共掇取其關于大體，而切于日用者，以爲此編」（朱子序）。所謂旬日，乃簡言之，並非旬日之間，草率成之。呂東萊先生遺書云呂氏留居月餘，東萊太史全集云東萊淳熙二年四月二十一日首程，留居月餘。然朱子序寫于五月五日，豈記錄有誤耶？

勿論如何，爲期仍是甚短。考朱子于一一六八年成程氏遺書，一一七二年成西銘解義，翌年成太極圖說解與通書解。是則在編近思錄之前，于程周之書，研求玩味，歷有年所。而錄之採擇編次，審愼異常。據黃榦云，朱子初本不要卷一道體，「後來覺得，只得存之」（黃勉齋集，卷二）。朱子亦以「首卷難看。某所以與伯恭（東萊）商量，敎他做數語以載于後」（語類，卷一〇五）。朱子致東萊書云，「向時歉其太高，去卻數段，如太極及明道論性之類者。今看得似不可無。……須更得老兄數字附于目錄之後，致丁寧之意爲佳」（朱子文集，卷三十三，答呂伯恭第四十一書）。此東萊之所以有其跋上之語也。朱子書中又云，「如以顏子論爲首章，却非專論道體，自合入第二卷。又事親居家直在第九卷亦似太緩。今欲別作一卷，令在出處之前，乃得其序。卷中添卻數段，草卷附呈，不知于尊意如何」。此一一七五年東萊歸東陽後事也。翌年朱子又移書東萊曰，「近思數段已補入逐篇之末。今以上呈。恐有未安，却望見敎。所欲移入第六卷者，可否亦望早垂喻也」（文集，卷三十三，答呂伯恭第四十一書）。又二年，卽一一七八年，朱子承張栻之勸議，添入說科擧數段（據文集，卷三十四，答呂伯恭第七書），或卽卷七伊川云人多說某不敎人習擧業等三條。可知書之完成，還在初編三年以上。其間彼此參詳，移書屢屢。朱子答呂云，「喪禮兩條，承疏示幸甚。或更有所考按，因便更望批報也」（文集，卷三十三，答呂伯恭第四十九書）。此兩者或係第六卷程子葬父與橫渠曰事親奉祭兩條，或係卒決不採用者。關于橫渠易說「一故神」之說（張子全書，卷十一），朱子云，「橫渠說得極好，須當子細看。但近思錄所載（第一卷）

與本書不同。當時緣伯恭不肯全載，故後來不曾與他添得」（語類，卷九十八）。朱子答時子雲書云，「向編近思錄欲入數段說科舉壞人心術處，而伯恭不肯」（文集，卷五十四）。第十卷益之初九條，朱子本不欲加入，「說與伯恭，『此一段非常有，不必入』。伯恭云，『既云非常有，則有時而有。豈可不書以爲戒』？及後思之果然」（語類，卷一一三）。第九卷有介甫言律是八分書一條。朱子云，「伯恭以凡事皆具，惟律不說。偶有此條，遂謾載之」（語類，卷九十六）。伊川云，「一人之心，卽天地一心」云云（遺書，卷二上）。朱子「向編近思錄，欲收此段。伯恭以爲怕人曉不得錯誤了」（語類，卷九十六），是以不果。其尤有意義者，呂子多敎人看伊川易傳，而朱子以易傳不是實指事物，固自難曉（語類，卷二十七）。因言「易傳自是成書」（語類，卷六十七與卷一一九），不欲採用。「伯恭都摭來作閫範，今亦載近思錄。某本不喜他如此」（仝上）。此雖專指第六卷幹母之蠱一條而言，而近思錄六百二十二條，竟有一百零六條出自易傳，比所採任何他書爲多，不能不謂爲東萊堅持之故。

以上種種，皆足見近思錄去取之愼，朱呂互議之勤。然主動全屬朱子。時人之參議如張栻者不之東萊而之朱子。呂之識語亦爲朱子所函索，寫在朱序之後，以補其所未及言者。可知朱子主編。東萊附之助之，其功誠偉，然不無賓主之別也。

最重要者，則近思錄之編排與內容，均以朱子本人之哲學與其道統觀念爲根據。全書以周子太極圖說爲首。蓋由太極而陽陰而五行以至于萬物化生與聖人之立人極，爲朱子哲學之輪廓，亦成爲數百年後理學一貫之哲學輪廓。每卷以周子始，二程次之，張子爲後。張子比二程年長，應居先。而朱子之次序如彼者，乃以周子爲理學之開端，以二程爲理學之成立，張子爲理學之補充，于禮教鬼神等說，貢獻更大。朱子之理學傳統如此，故語類九三以「孔孟周程」爲題，又載朱子語曰，「橫渠之于程子，猶伯夷伊尹之于孔子」。

談理學者每稱北宋五子，而近思錄不收邵雍之言。其主要原因，不外朱子以邵子居儒學正統體系之外。所以然者，一方蓋以其少談仁義等儒家基本問題，而一方則因邵子理數之學，道家氣味太濃。據宋史四二七邵子象數之學得自李之才，而李之才得自道士陳搏（宋史，卷四三五）。或云，周子亦得自陳搏。然周子卒歸諸「中正仁義，立人極焉」。而朱子之釋太極圖說首句「無極而太極」，非如道家之有生于無，乃「上天之載，無聲無臭」。朱子之避老子而歸乎中庸，顯然可見。

朱子之排道之更爲顯然者，于其更改伊川顏子所好何學論可以見之。近思錄之採引原文，每有增減，然皆爲行文之便，與原意並無出入。惟卷二採用伊川此條，原文七百一十四字，朱子刪二百五十五字，增十三字。大意與原篇相符。然原文「覺者約其情。……故曰性其情。愚者則不知制之。……故曰情其性」。朱子刪去「故曰性其情」與「故曰情其性」二句。前句出自王弼周易乾卦註。漢儒多主性善情惡之論，王弼繼之，實爲道家所影響。伊川易傳註乾卦云，「乾之性情也，既始而亨，非利貞其能不息乎」？即是性情俱善之意。據朱子語類九三顏子所好何學論爲十八歲時之作，然語類三十又謂爲二十歲時之作。總之爲少年之作，與晚年所作易傳見解相反。朱子刪去兩句，以避矛盾，亦未可知。然其基本原因，實在避免道家性善情惡之說。又原論有「明諸心，知所養」句，註云「一本作往」。近思錄朱子遺書本用往而不用養。朱子云，「一本作『知所養』。恐往字爲是。往與行字相應」（語類，卷三十）。道家重養，以其靜。儒家重行，以其動。朱子之去取，非偶然也。

以上所云，似謂朱子以主觀去取。實則不然。近思錄之改削字句而于意義有所影響者，只此一處。且此又爲間接暗示而已。其餘通篇之客觀精神，偉大無比。伊川說經，每與原意不符，實借孔孟以發揮其本人意見。易傳尤甚。朱子採用伊川之語，並不更改之以復孔孟古經之原。如近思錄卷七君子當困條，伊川解論語子張「見危致命」之「致命」爲「推致其命」。朱子不以其改論語授命爲推命而不採，而毅然以客觀態度採之。寧于談話之間，指出其相別之處。朱子云，「伊川解作推致其命，雖說得通。然論語中致命字都是委致之致」（語類，卷七十三）。又如卷四人之所以不能安條，伊川解「艮其背，爲止于所不見」。朱子謂「竊恐未然。……止是當止之處」。伊川云，「外物不接，內欲不萌，如是而已」。朱子則云，「竊恐外物無有絕而不接之理」（語類，卷七十三）。又如第十二卷治水條，伊川釋「方命」爲不順正理（伊川經說二），而朱子則謂「方命之命，皆命令也」（語類，卷七十八）。凡此皆朱子之不贊同伊川之說，而皆不碍其採納程子之語也。

朱子以大公至正之態度，採選只六百二十二條，而竟能代表理學之全部，無怪爲四子之階。錢穆先生嘗云我國有關修養人人所必讀者爲論、孟、老、莊、六祖壇經、近思錄、與傳習錄七書（人生，第二九八期），卽直比近思錄于經書矣。因此中日註解除儒道經書以外，恐比任何一書爲多。由朱子二門人陳埴之雜問與楊伯磊之衍註，與再傳弟子三人葉采之集解，何基之發揮，與熊剛大之集解，而至宋末戴寧之補註，元代柳貫之廣輯，明周公恕之集解，某某冒汪道昆名之標題釋義，清代王夫之之集解，張伯行之集解，李文炤之集解，茅星來之集註，江永之集註，施璜之五子近思錄發明，陳沆之補註，與汪紱之讀近思錄。歷五六百年，凡十七種。朝鮮註釋亦在七八之數。日本因十七世紀海南朱子派與山崎闇齋及其門徒六千餘人之提倡，筆解口述，連一九六〇年山崎道夫所著近思錄研究序說，注解翻譯與講述筆記，不下一百一十種，可云極盛。所引不止朱子與宋明諸儒，間且有引王陽明及佛家語者。以言引朱，總不若江永之精。名物掌故與校對，遠不及茅星來。而詮釋意義，則更在張伯行施璜之下。惟佐藤一齋之近思錄欄外書參考甚詳，新見頗多。而宇都宮遯庵之鼇頭近思錄之引語探源，最爲特色。我國註家之最可異者，則張伯行之刪去卷六問孀婦條，而以伊川論兄弟之愛一段以補塡之，諒必以伊川「餓死事極小，失節事極大」之言爲太苛。此私改原書，似乎從來未經有人發現。伯行效忠朱子，可謂鞠躬盡瘁。然去朱子之客觀精神，則甚遠矣。

朱子全書卷四十九（理氣一）之英譯雖遠在一八七四年，其小學之法譯，遠在一八八九，而近思錄乃至一九五三始有德譯。譯者因葉采集解流行日本，亦全譯之，而不知葉註之劣也。作者承哥倫比亞大學東方經典翻譯委員會之托，將近思錄全部譯英，並選譯朱子有關之言與茅張施葉暨日本朝鮮等註，並備概言與詳述近思錄編纂譯註之經過。以上所言，卽此中之大意也。書將于來春出版，蓋所以求正于大雅，亦所以推揚理學于歐美也。

【原載人生，第三十三卷，第六期（總第三五四期），（民國五十四年，一九六五，十月十六日），頁一至三。】

捷案：英譯近思錄，名 Reflections on Things at Hand，已于一九六七年出版，除原文六百二十二條外，並採譯朱子及宋、明、清儒，與朝鮮、日本註家評論六百餘條。有詞必釋，有名必傳，有引必溯其源。一九八二年學生書局刊行之拙著「朱學論集」內之「朱子之近思錄」，討論較此處為詳。又附錄近思錄選語統計表，近思錄選語來源考，中、日、韓註釋百餘種，與近思錄之後繼二十二種，可參考。

朱子自稱

朱子名熹。通常自稱「熹」或「朱熹」。黃榦（一一五二—一二二一）朱子行狀云，字「仲晦父」（勉齋集卷三十六）。宋史卷四二九朱子本傳云字「元晦」，一字「仲晦」。性理大全卷四十一云字元晦。朱子「跋家藏劉病翁遺帖」云，「熹字元晦，亦先生所命」（朱子文集卷八十四，四部備要本，頁十八上）。王懋竑（一六六八—一七四七）朱子年譜考異云，「朱子跋不云改字『仲晦』。惟性理大全（卷四十一）載（屏山劉氏作元晦）字詞註云，『其後以「元」爲四德之首，不敢當。遂更曰「仲晦」』。此于文集語錄（朱子語類）皆無所考。不知何所據而云也。延平答問及張（張栻，號南軒，一一三三—一一八〇）、呂（呂祖謙，稱東萊先生，一一三七—一一八一）、陸（陸九淵，號象山，一一三九—一一九三）、陳（陳亮，字同甫，一一四三—一一九四）諸集，共稱『元晦』，無云『仲晦』者。而朱子文集，于題跋自署，皆云『仲晦』，無稱『元晦』者，是爲參錯。疑大全注語，亦有自來。行狀據朱子自稱，本傳則兼考他書」（世界書局本，頁二四一至二四二）。捷案：病翁（劉子翬，號屏山，一一〇一—一一四七）「元晦」之字，必于屏山未卒以前朱子成婚時冠之。文集卷七十五至八十四序跋自署，誠如王氏所言，皆用「仲晦」。最早爲「與一維那」詩，題「紹興癸酉（一一五三）九月晦日紫陽朱仲晦書」（文集別集卷七，頁一上）。次爲紹興戊寅（一一五八）「許升字序」（卷七十五，頁二下）。詩距屏山之死六年，序距十一年。屏山卒年，朱子已舉建州鄉貢。翌年榜進士。或此時已用「仲晦」。歷年用之，不下數十次。文集最遲者爲詠吳氏社倉書樓寫眞詩，署「慶元庚申二月八日滄洲病叟朱熹仲晦父」（卷九，頁十四下）。此爲一二〇〇年，上距朱子之沒，適得一月。則朱子終身所用之字也。

朱子跋之所以不云「改字仲晦」者，乃不欲拋棄其師屏山所予之字而自用「仲晦」，以謙自居也。延平答問爲朱子所編。書首云「門人朱熹元晦編」，似是朱子自稱「元晦」者。然此必是門人趙師夏刊于郡齋時所加，非朱子自稱也。朱子間用「朱某仲晦父」（如別集卷七，頁八上，九上），「朱某仲晦」（同上，頁九下），「朱熹仲晦」（卷七十五，頁四上）。然不外數次而已。大概朱子一字「元晦」，一字「仲晦」。延平（李侗，一〇九三—一一六三）等用「元晦」，蓋所以尊之也。葉紹翁四朝聞見錄卷四「考亭」云，「天下稱『元晦』者久矣，無稱『仲晦』者」。反之，朱子自稱「仲晦」，不稱「元晦」也。

東京大學朱子研究會所編「朱子文集固有名詞索引」附「朱子自稱」索引，計用「元晦」三次，「仲晦」一次，「仲晦父」一次，「朱元晦」一次，「朱仲晦」二次，「朱仲晦父」六次，「朱仲晦甫」一次，「朱某」九次，「朱某仲晦」一次，「朱某仲晦父」二次，「朱熹」三百四十八次，「朱熹仲晦」五次，「朱熹仲晦父」三十五次，「熹」一千五百七十八次。又「新安」二百一十六次。其中以「元晦」三次與「朱元晦」一次爲朱子自稱皆誤。「元晦」一見文集卷七十三頁四十三上「胡子知言疑義」，乃張栻致書朱子所稱朱子者。一見卷八十二頁十上「跋潘顯甫字序」。朱子曰，「劉先生字予以元晦」。一見卷八十四頁十八上「跋家藏劉病翁遺帖」。朱子云，「熹字元晦，亦先生所命」。「朱元晦」見卷七十二頁四十六上「呂氏大學解」。何鎬爲之跋，云，「新安朱元晦以孟子之心爲心」。此三處皆他人之稱朱子爲「元晦」而非朱子自稱者。王懋竑朱子無自稱「元晦」之言，誠不謬矣。

由「仲晦」而「晦翁」，事至自然。由淳熙元年（一一七四）（卷七十六，頁二下）至沒年（卷八十四，頁二十四上）署「晦翁」者凡二十餘次。二年（一一七五）白鹿洞賦稱「洞主晦翁」（卷一，頁一下）。是年朱子作晦菴于雲谷。雲谷記曰，「雲谷在建陽縣西北七十里蘆山之顛。……乾道庚寅（一一七〇）予始得之。因作草堂其間，牓曰晦菴」，自署「晦翁」（卷七十八，頁二上）。此距淳熙元年（一一七四）朱子年四十五首次用「晦翁」已一年矣。江永（一六八一—一七六二）謂朱子六十以后稱「晦翁」（近思錄集註附朱子世家），相差遠矣。

朱子晚年又稱「雲谷老人」（卷七十六，頁三十上；卷八十四，頁十四下，二十下，二十二下，二十九下；卷八十七，頁二十一上，均一一九九）（此即「雲壑老人」。但文集不見此名）。亦曰「雲谷晦菴老人」（卷八十三，頁七上，一一九一）。沒年三稱「晦菴病叟」（卷七十六，頁三十二下；卷八十四，頁二十五上，一二〇〇）。紹興五年（一一九四）築竹林精舍于建陽之考亭所居之旁。傳說四年後因舍有洲環繞，更名滄洲精舍，因自號「滄洲病叟」。然文集只一見（卷九，頁十四下）耳。精舍改名，恐無其事。南平縣志謂其號滄洲釣叟（高令印，朱熹在福建遺迹考釋，一九八一年，頁十二引），則不知所據。當時朝廷攻擊朱子學派甚亟，詆爲僞學。黃榦朱子行狀云，「丞相既逐，而朝廷大權悉歸（韓）侂胄。先生自念身雖閑退，尚帶侍從職名，不敢自嘿。遂草書萬言，極言姦邪蔽主之禍，因以明其冤。詞旨痛切。諸生更諫以筮決之。遇遯之同人（應作家人）。先生默然退，取諫藁焚之，自號遯翁」。是年（一一九五）「題嚴居厚與馬莊甫唱和詩軸」，即署「遯翁」（卷八十三，頁二十六下）。兩年後「書河圖洛書後」，亦署「遯翁」（卷八十四，頁四上）。

朱玉在其所編朱子文集大全類編，第一册朱子年譜建炎四年（一三〇〇）下謂「既而年週甲子，遂名晦庵，又曰晦庵通叟」。朱子年週甲子爲一一九〇年，然早在一一七四即用「晦翁」，已如上述。「晦菴通叟」之名，不見文集。厦門大學哲學系中國哲學教研室所編「朱熹及其學派福建地方史資料」（一九八一年四月）載莊炳章所輯錄，年週甲子曰「晦菴通叟」之外，又謂紹熙壬子（一一九二）曰「滄子病叟」（頁七）。「滄子病叟」必是「滄洲病叟」抄寫之誤，「晦翁通叟」則是「晦庵病叟」抄寫之誤。輯錄又云朱子任同安，號「牧齋」。然朱子文集卷七十七「牧齋記」未用此號。又云知南康軍，號「拙齋」。查文集卷七十八「拙齋記」乃爲趙景明之拙齋而作，必不以之爲號也。卷八十一跋陳居士傳，署「新安朱熹于南康郡舍之拙齋」。明署「朱熹」，則「拙齋」非其號也顯然。又同卷書語孟要義序後，末云「江東道院拙齋記」乃指在拙齋爲記，非謂自號「拙齋」也。亦如同卷跋免解張克明啓，末云「六老軒書」，誌其地耳。

與「雲谷老人」等相類者有「白鹿洞主」與「仁智堂主」。淳熙六年（一一七九）朱子復建白鹿洞書院于廬山，作「白鹿洞賦」，自稱「白鹿洞主」（卷一，頁一下）。淳熙十年（一一八三）建武夷精舍于崇安縣西北三十里武夷山之五曲大隱屏下。「武夷精舍雜詠」云，「直屏下兩麓相抱之中，西南向爲屋三間者，仁智堂也」（卷九，頁二下）。乙卯（一一九五）作「武夷圖序」，有云「屬隱屏精舍仁智堂主爲題其首」（卷七十六，頁二十七上）。

朱子出身貧寒，篤志聖學。故先後請祠二十次，被派主管道教六宮觀者十一次，前後共二十三年。祠祿甚微，但無職守，亦不在本祠居住。朝廷蓋以佚老優賢而已。淳熙十二年（一一八五）浙江台州崇道觀秩滿，四月改差主管華州雲台觀。觀原在陝西，已陷金人，只存其名耳。在任期間，朱子自稱「雲台隱吏朱熹仲晦父」（卷八十二，頁八上），「雲台眞逸」（卷七十六，頁十七下），「雲台外史朱熹」（卷八十二，頁十下）。後于慶元三年（一一九七），仍署「雲台子」（卷八十四，頁十一下）。淳熙十五年（一一八八）朱子主管西京嵩山崇福宮。宮原在河南。南渡後只置祠祿。朱子拜命，因而署「嵩高隱吏朱熹」（卷八十二，頁十六下）。紹熙二年（一一九一）至慶元二年（一一九六），朱子兩任南京鴻慶宮。宮已陷金人，南渡後只置祠祿而已。任內屢稱「鴻慶外史朱熹」（卷八十二，頁二十六下；卷八十三，頁十下，卷二十二下，二十三上）。但亦曾監潭州南嶽廟與主管台州崇道觀與武夷山冲佑觀，則未見有自稱隱吏外史者。

公牘署名，自然加上職銜。紹興二十五年（一一五五）稱「左廸功郎泉州同安縣主簿主管學事」（卷九十七，頁三十一上）。乾道八年（一一七二）稱「前左廸功郎」（卷九十七，頁四十二上）。紹興三十二年（一一六二）與乾道三年（一一六七）稱「左廸功郎監潭州南嶽廟」（卷十一，頁一上；卷九十五下，頁四十一上）。五年（一一六九）稱「廸功郎新差充樞院編修官」（卷九十七，頁三十四下）。淳熙三年（一一七六）稱「宣教郎主管台州崇道觀」（卷八十七，頁四下）。七年（一一八〇）稱「宣教郎權發遣南康軍事兼管內勸農事提轄本軍界分誌鋪遞角借緋臣」（卷十一，頁十上）。八年（一一八一）稱「宣教郎新提舉江南西路常平茶鹽公事」（卷八十一，頁二十六下）。九年（一一八二）稱「宣教郎直秘閣」（卷七十九，頁五上）。十年（一一八三）稱「宣教郎直徽猷閣主管臺州崇道觀」（卷七十六，頁九上；卷七十九，頁九上）。十二、十三兩年（一一八五至一一八六）稱「宣教郎直徽猷閣主管華州雲臺觀」（卷七十九，頁二十一上；卷八十七，頁十四下；卷九十，頁十三下）。十五年（一一八八）稱「朝奉郎直寶文閣主管西京嵩山崇福宮」（卷十一，頁十七上；卷九十六，頁三十三下）。紹熙二年（一一九一）稱「朝散郎直寶文閣權發遣漳州軍州事」（卷七十六，頁二十六上）。四年（一一九三）稱「朝散郎秘閣修撰主管南京鴻慶宮」（卷八十三，頁八下；續集卷八，頁十上）。五年（一一九四）稱「朝散郎秘閣修撰發潭州主管荊湖南路安撫司公事」（卷八十，頁十三上）及「朝散郎秘閣修撰權發遣潭州軍州事兼管內勸農營田主管荊湖南路安撫司公事馬步軍都總管借紫臣」（卷八十二，頁十上）。五年與慶元二年（一一九四，一一九六）稱「朝請郎」（卷八十，頁十四下；卷八十三，頁二十上）。慶元元年（一一九五）稱「朝請郎提舉南京鴻慶宮」（卷八十，頁十五下），「朝奉大夫提舉南京鴻慶宮」（卷八十，頁二十下）與「朝奉大夫提舉南京鴻慶宮婺源縣開國男食邑三百戶賜紫金魚袋」（卷八十，頁十九上）。三年（一一九七）稱「朝奉大夫」（卷八十四，頁七上）。四年（一一九八）稱「朝奉大夫致仕」（卷九十，頁二十一下）。翌年（一一九九）稱「朝奉大夫致仕婺源縣開國男食邑三百戶賜紫金魚袋」（卷九十七，頁二十六下）。蓋四年四月已致仕矣。

朱子男爵以婺源爲名，蓋溯其本也。朱子最重知本思源。生平最喜署「新安朱熹」。文集卷七十五至八十四，至少有五十次。最早爲紹興二十六年（一一五六）「一經堂記」（卷七十七，頁四上），最遲爲慶元六年（一二〇〇）朱子逝世之年「跋黃壺隱所藏師說」（卷八十四，頁二十四下）。茅星來（一六七八—一七四八）云，「新安本漢丹陽郡地。吳孫權分置新都。晉平吳，改爲新安。宋屬江南東路。宣和三年（一一二一）改爲徽州。朱子世居新安之（婺源縣）永平鄉（朱子實紀依舊譜作萬安鄉）松巖里。父松爲（福建）尤溪縣尉。亡。朱子年十四，奉遺命依劉子羽（名彥修，一〇九七—一一四六），寓居（福建）崇安，晚徙建陽」（近思錄集註朱序註）。朱子署「新安」，蓋不忘本也。故由乾道一年（一一六五）至紹熙二年（一一九一）亦署「丹陽朱仲晦父」，「丹陽朱熹」，或「丹陽朱熹仲晦父」數次（卷七十五，頁十二上；卷八十一，頁二十六下；卷八十二，頁二十三上，二十五上，二十六上）。于紹興二十六年（一一五六）與慶元元年（一一九五）署「吳郡朱熹」兩次（卷七十五，頁二下；卷八十三，頁二十五下）。朱子最早（一一五三）即題「紫陽朱仲晦」，已如上述。朱子「名堂室記」云，「紫陽山在徽州城南五里……先君子故家婺源，少而學于郡學，因往遊山樂之」（卷七十八，頁五上）。「至樂齋銘」亦題「紫陽朱熹仲晦父」（卷八十五，頁一上）。署「紫陽」，即所以思其父。凡此皆思源精神之表現也。至「題魏府藏趙公飲器」署「平陵朱熹」（卷八十五，頁五上），承張立文教授函示，據「中國歷史地圖」，徽州北部有平陵山。則亦即新安懷本之意也。

上述署名之上，朱子于其父則加「孤」（卷八十三，頁八下；卷八十四，頁十九下；卷九十七，頁二十六下），于其師則加「門人」（卷九十七，頁十七上；卷九十，頁二十一下；卷八十四，頁十八下；卷八十五，頁四上），于先儒則加「後學」（卷九十八，頁十七上）。此則理所當然。小品題署，則有只用「朱某」者（別集卷七，頁五上，七下，十上）。最特殊者爲慶元三年（一一九七）「書周易參同契考異後」，署「空同道士鄒訢」（卷八十四，頁二十六下）。朱子此書名爲考異，然校讎較少，箋註爲多。朱子之署此名，據四庫全書總目提要，「蓋以鄒本邾國。其後去邑而爲朱，故以寓姓。禮記鄭註謂『訢』當作『熹』。又集韻熹『虛其』切，『訢』亦『虛其』切，故以寓名。殆以究心丹訣，非儒者之本務，故託諸廋辭歟」（商務本，頁三〇四七）。「空同」即「倥侗」，固童蒙無知之義，朱子自謙之辭。「空同」亦有廣大無邊之義。朱子「步虛詞」云，「扉景廓天津，空同無員方」（卷一，頁十八下）。朱子「空同賦」（卷一，頁三上）。云，「盍將反予旆于空同」，亦是此意。朱子對道家思想，批評嚴烈。然每與道士往來。今自稱道士，亦足見其度量之廣矣。

【原載中華文化復興月刊，第十五卷，第五期（民國七十一年，一九八二，五月），頁二十三至二十五。】

滄洲精舍辨

「宋元學案」卷六十九題「滄洲諸儒學案」，蓋謂朱子講學，門人集於滄洲精舍也。然滄洲精舍原名竹林精舍。朱子于紹熙五年甲寅（一一九四）以上疏忤權貴韓侂冑，罷侍講職。十一月歸福建建陽之考亭。以門人雲集，乃建竹林精舍于考亭所居之旁。王懋竑「朱子年譜」引舊年譜云：「後精舍改名滄洲精舍」。王氏所引年譜，指李默改訂本（一五五二）與洪去蕪改訂本（一七〇〇）。兩本或沿朱子弟子李方子最初之朱子年譜而來。較李本洪本爲早者有戴銑「朱子實紀」內之年譜（一五〇六），又有更早之葉公回校訂年譜（一四三一）。皆只謂後改名滄洲精舍。以後文獻，皆從年譜。如「建陽縣志」卷八「考亭書院」條下云：「竹林精舍，旋更名滄洲」。又附熊勿軒「重修考亭書院記」云：「初名竹林精舍，後更滄洲」。因此發生三大問題：一爲何由改名？二爲何時改名？三爲何人改名？

(一) 何由改名？

「朱子實紀」卷十「考亭書院」條下云：「（紹熙）五年，以四方來學者衆，築室于所居之東以處，扁曰竹林精舍。後因舍前有洲環繞，更名滄洲精舍」。是滄洲指其地形也。惟

「辭海」已集「滄洲」條下云：「謂水限之地。常用以稱隱者之居」。「南史・袁粲傳」：「嘗作五言詩，言『訪跡雖中宇，循寄乃滄洲』，蓋其志也」。按「宋史」朱熹罷官授徒時，卜居建陽之考亭。其地本名龍舌洲，熹爲更名滄洲，並築滄洲精舍，自稱滄洲病叟，更號遯翁，蓋亦隱遯之意也。朱子十六世孫朱玉所編之「朱子文集大全類編」第一冊（一七二一）年譜建炎四年（一一三〇）條下云，「至紹熙壬子（一一九二）始築室考亭，更龍舌洲名爲滄洲，曰滄洲病叟」。據此則改名非因地形而乃朱子以示隱遯之意。用形示意兩說，未嘗不可相通。且朱子自稱病叟與遯翁，其退隱之意，似是顯然。「朱子文集」卷十「水調歌頭」云，「永棄人間事，吾道付滄洲」，蓋謂此也。查慶元元年（一一九五）朱子以姦邪蔽主，草封事逾萬言。諸生恐賈禍，請以卜筮決之。得遯之家人。朱子默然退，取奏稿焚之，更號遯翁。五月遂以疾乞致仕。「辭海」所敘，似先更名滄洲，隨築精舍，顯與年譜先築竹林精舍，後改名滄洲精舍不符。至謂因隱遯而名滄洲精舍，則不外臆說。此點可以改名時間明言之。

(二) 何時改名？

諸書所謂後者，未知何年。查黃榦「董縣尉墓誌銘」（「勉齋集」卷三十八）云：「慶元初先生自講筵歸，日與諸生論學于竹林精舍，命叔重長其事」。董尉叔重即董銖（一一五二—一二一四）也。慶元初可指元年（一一九五），亦可指二年（一一九六）。「朱子語類」

有董銖丙辰（一一九六）以後所聞三四百條。此當然是竹林精舍所聞。是則一一九六年尚名竹林精舍也。黃榦「朱子行狀」敍朱子被排，有曰，「先生日與諸生講學竹林精舍。有勸以謝遣生徒者，笑而不答」（勉齋集，卷三十六）。此慶元二年（一一九六）事也。是又可見是時仍名竹林精舍。若云以示退隱之意，何不于一一九五年卜卦更號遯翁或致仕後即改滄洲耶？又查陳淳「竹林精舍後序」云：「某自辛亥（一一九一）夏送別先生于沈井之後，以水菽之不給，歲歲爲訓童牽絆，未能一走建陽，再謁函文，而先生屢以書來召，至乙（應作己）未（一一九九）始克與妻父（朱子門人李唐咨）同爲考亭之行。十一月中澣到先生之居，即拜見于書樓之閣內。甚覺體貌大減。曩日腳力已阻于步履，而精神聲音，則如故也。晚過竹林精舍止宿。與宜春胡叔器（安之）、臨川黃毅然（義剛）會」（「北溪大全集」卷十）。觀此可知竹林精舍成立五年之後，仍未改名矣。又陳淳門人陳沂敍述其師事實云：「己未多再謁于考亭。文公時已寢疾。延至臥內。…故竹林所聞，無非直截痛切」（「北溪大全集」，「外集」）。「北溪字義」第二十三門「經權」下「論語」條有註云：「先生（陳淳）所編『文公竹林精舍語錄』」。查所錄二卷，一爲一一九〇，一爲一一九九。又可知一一九九尚名竹林。除非竹林滄洲兩名並用，則最早朱子逝世前四個月內乃更滄洲耳。因陳淳正月五日拜辭，而朱子三月（有閏二月）初九長逝也。然此期間朱子經已寢疾，何暇改名？

如上所述，則慶元六年（一二〇〇）之初，尚名竹林精舍。無怪朱子傑出之門人黃榦與陳淳，均只提竹林而不提滄洲矣。或謂「朱子文集」卷九有「蒼顏已是十年前」詩，題「慶元庚申（一二〇〇）二月八日滄洲病叟朱熹仲晦父」。然則此一月之內，便改精舍之名耶？滄洲病叟之名，「文集」只此一見。疑當時朱子題名，並非因精舍經已改名，而乃以環繞有洲，且亦病篤，故稱滄洲病叟。亦猶以前自稱雲谷老人，同是以山水秀麗爲號耳。故可謂朱子生前，精舍並未改名。改名乃朱子沒後之事。至何年何月，則無可考。朱子生前既未改名，則朱子因隱遯而改名之說，不攻自破矣。至「辭海」云：「自稱滄洲病叟，更號遯翁」，似是滄洲病叟在遯翁之先，更是顛倒事實。

(三) 何人改名？

「文集」與「語類」均無竹林精舍之名。「語類」但云精舍（如卷一一六，卷一一九）。「文集」則三言滄洲精舍。一爲「滄洲精舍釋菜儀」（卷六十九），二爲「滄洲精舍告先聖文」（卷八十六），三爲「滄洲精舍諭學者」（卷七十四）。此三文之內不提滄洲，只編「文集」者題目上採用而已。實皆指竹林精舍也。年譜竹林精舍落成條下，皆言「精舍落成，率諸生行釋菜之禮于先聖先師，以告成事」。王懋竑「年譜」此處備舉「滄洲精舍告先聖文」。尚未改正。此即文集所題「滄洲精舍先聖文」，實應作「竹林精舍告成告先聖文」也。「文集」之編，在朱子死後數十年之後。編者以滄洲代竹林。至是否精舍經已改名，故沿用之，抑以朱子自用滄洲病叟，故改用滄洲，或滄洲經已通行，比竹林爲盛，故採用之，則皆無從判定。所可斷者，決非朱子本人所改是也。若謂朱子死後門人所改，不特無據，亦無理由。

意者朱子沒後，精舍冷淡。同時朱子畫像之詩，人人傳誦，滄洲病叟之名以顯。後人遂以滄洲名其精舍，而竹林之名，且湮沒矣。竹林之名，原爲佛語。迦蘭陀長者歸佛後以竹林事佛。梵名 venuvena。晉時譯爲竹林精舍。精舍語出「管子」「內業」篇，注云「心者精之所舍」。原爲儒者隱居講學之地。尋爲道佛所用。至朱子時，已爲佛家專利。佛味過濃，儒者避之。此亦竹林名沒之一因也。「建陽縣志」記考亭書院「旁爲兩廡，爲竹林滄洲兩精舍」。兩精舍之名並重。惟所附明彭時紀，一則曰：「當其時，四方來學者衆，乃于所居之後，別建滄洲精舍爲講授之所」。再則曰：「廡前有道源堂甚廣。……改爲滄洲寒泉兩精舍」。已不提原爲竹林精舍矣。又梁章鉅「楹聯叢話」卷一，不依年譜，謂「朱子於紹熙五年，築竹林精舍，後改名滄洲精舍」，而只謂「朱子於紹熙五年，築滄洲精舍」。是竹林之名，竟被淘汰矣。

【原載華學月刊，第一四〇期（民國七十二年，一九八三，八月二十一日），頁一至二。】

歐美之陽明學

歐美之理學研究，現尚在萌芽期中，而王學之研究，又較朱子學研究爲晚。遠在十七世紀末葉，朱子思想已傳至歐洲。影響及于德國哲學家萊布尼茲（Leibniz），以致其演出單子（Monad）哲學，而歐美人士，則未有聞王守仁之名者也。一八四四年The Chinese Repository 月刊發表「朱子理氣論」一文（註一），是爲泰西關于朱子論著之始。六十九年（一九一三）以後，乃有關于王學之專著，即亨克（Henke）氏之「王陽明之生平與哲學」是也（註二）。一八四九年The Chinese Repository 登載朱子全書關于天地、日月、星辰若干條（註三），此爲朱子著作譯爲西文之始。一九一六年亨克氏譯全書之一部爲英文（註四），此爲翻譯王作之始，較諸譯朱，已遲六十七年矣。然所譯爲傳習錄全部與書札若干，則又比選譯朱子散語爲完整。若以近數十年歐美關于宋明理學之出版而論，則朱子學之書與論文，雙倍于王學之書與論文而有餘。朱子學爲我國正統，王學次之。且理學範圍之廣，文獻之繁，遠非心學所及。是則歐美王學之每每後于朱子學，無足怪也。

世界第二次戰爭以後，歐美對於我國思想，漸加注意，因而亦漸注意王學，有追及朱學之勢。茲舉二事證之。一、大學專門研究與論文之增加。王昌祉從學于法國華學權威伯希和

（Paul Pelliot），一九三六年著「王陽明道德哲學」（註五）。隨後有一九五〇年哥倫比亞大學村山彌拉敦（Milton Murayama）「王陽明與禪之比較」之碩士論文，一九六八年哈佛大學杜維明「王陽明自我實現之尋求」之博士論文（註六）。與一九七一年澳洲國立大學秦家懿之「王陽明之道——求智」之博士論文（註七）。凡此幾乎可與朱學齊驅。二、百科全書之認識。一九六〇年以前各百科全書不採朱子與王陽明。是年「大英百科全書」（Encyclopaedia Britanica）始加「朱熹」與「王陽明」兩項。其「王陽明」一文，由陳榮捷執筆。一九六七版改用「王守仁」。同年（一九六七）美國哲學界編印「哲學百科全書」（Encyclopedia of Philosophy），規模宏大，凡八巨册，將爲此後五十年哲學知識之總滙。特設中國哲學一門，由陳榮捷氏主編。其中除「中國哲學」已包括王學外，另有「王陽明」一編，均爲陳氏所撰。即比較通俗而大都爲中學生參考之「美國百科全書」（Encyclopedia Americana），其一九六九年版，亦增多陳氏所著之「王陽明」一項。如是開端雖微，然歐美之日漸注意王學，則爲顯然之事實（註八）。

王學漸盛，固是時勢使然，然近年歐美學界有三事足爲鼓動王學研究之主因者，即關于王氏著作之增加，王學文獻之新譯，與明代思想之集中研究是也。茲分別簡略言之。

一、關于王氏著作之增加

綜計歐美關于王氏之專著，在一九四〇年以前，僅得六項，以後十五年絕無一項，而自一九五五年以至現在，則有十六種，其中十四種乃近十年之事（註九）。其中陳榮捷發表最多，凡六次（註一〇）。張君勱次之，凡三次（註一一）。以上皆就專著而言，若以鼓動王學而論，則最大功勞，非張莫屬。蓋張爲理學權威，心近王學。除其專書及論文以外，又著「新儒學之進展」（註一二），其中包含王陽明一章，王與羅欽順、湛若水一章，王門流派一章，王學衰落與其在日本之興盛又一章。又曾在美國東亞學會年會宣讀關于王氏之論文，其功誠偉矣。

二、傳習錄之新譯

亨克氏爲歐美研究王氏哲學之第一人，已如上述。彼在華初爲傳教士，繼任南京大學哲學教員。一九一一年承上海王室亞洲會社華北分會（North China Branch of the Royal Asiatic Society）之約，研究王學。翌年即在該會宣讀上述「王陽明之生平與哲學」之文。一九一六年又摘譯王陽明年譜，全譯「傳習錄」與「大學問」，選譯書札五十篇，雜文十二篇，此即本文註四所指之「王陽明哲學」一書也。亨克爲開山功臣，凡有心王學者，均應感謝。惟亨克譯著，遠在六十年前。其時新教傳教士不若十七、八世紀之天主教士之於朱子哲學稍有理解。故亨克于理學尚未入門，更不識參考「傳習錄」之中文評論與日文註解，因而錯誤百出。因此以「傳習錄」上，徐愛序之「錯縱」爲「錯誤」，頁五十以「愛問知止」條之「義外」爲「義之客觀方面」，頁五七「愛問昨聞」條，不知「曰仁」爲徐愛之字而解作

「有德之人」，頁六二「愛問文中子」條，不審文中子仿傚論語，而以「擬經」爲「經典之估價」。「傳習錄」下，頁一五九「先生嘗言佛氏」條，不解「佛氏着相」而譯爲「留心相互關係與情境」，頁一六八「朱本思問」條，以「虛靈」爲「無欲之心」，頁四九二誤解「集註」爲「相傳之註釋」，「或問」爲「某人所問之點」。如此之類，不一而足。此書出版以後，並無影響，隨亦絕版。一九六〇年間，哥倫比亞大學有編譯亞洲名著之大計劃，由狄培瑞（Wm. Theodore de Bary）教授主持。其中朱子「近思錄」與王氏「傳習錄」交由陳榮捷負責。陳氏之譯本名（Instructions for Practical Living and Other Neo-Confucian Writings by Wang Yang-ming）（傳習錄與其他王陽明理學著述），于一九六三年由哥倫比亞大學出版部出版。內容除概論二十三頁與「傳習錄」全篇外，又譯「大學問」與關于政治社會之公文論文七篇（註一三）。

陳氏之譯，參考日本各註如佐藤一齋之「傳習錄欄外書」，三輪執齋之「標注傳習錄」，執齋門人河田琴卿所錄之「傳習錄筆記」，東敬治之「傳習錄講義」，東正純之「傳習錄參考」，與其他如山田準、鈴木直治等之講義譯註凡十六種。又參照王應昌之「傳習錄論述參」與其「王陽明先生傳習錄論」，倪錫恩之「詳註王陽明全集」，以及葉紹鈞之「傳習錄點註」，于清遠之「王陽明傳習錄注釋」，與但衡今之「王陽明傳習錄札記」。王、但二氏之作，原爲議論發揮而非註釋。以言註釋，則我國數註，遠不及日本諸註之明晰，尤以佐藤一齋與三輪執齋爲每有新見焉。

陳氏譯註，集中日諸註之大成，且比任何一註爲更詳盡。蓋其有辭必釋，有名必註，有引句必溯其源。然至今尚有三典，未能查得出處者。㈠「傳習錄」下，「九川問」條云，「伊川說到『體用一源，顯微無間』處，門人已說是泄天機」。此語見伊川「易傳」序。日本人註與「大漢和辭典」均謂語原出澄觀「華嚴經疏註」。然據太田錦城「疑問錄」上，謂澄觀「清涼大疏」百卷，「清涼語錄」五卷，「清涼玄義」，皆無此語。查「華嚴經疏註」原一百二十卷，今佚六十餘卷，豈語本在佚文耶？澄觀註言體用顯微者甚多，卷三與卷三五尤甚。且尙直所編「歸元直指」，引此語爲清涼語。唐荆川（一五〇七—一五六〇）「中庸輯略」云，「儒者曰，體用一原。佛者曰，體用一原。儒者曰，顯微無間。佛者曰，顯微無間。孰從而辨之」？豈伊川眞引佛語耶？㈡「傳習錄」上，「德章」條云，「人人自有，箇箇圓成」。執齋以此爲菩提達磨語，出自「六門集」云。其他日本註家多從之。然查此語不見今本「六門集」。東敬治以此語爲出于「六明集」，且引一小段。然「大藏經」與「續藏經」均無此書。「六明」似係「六門」之誤。而引語又不見「六門集」。查「楚石梵琦禪師語錄」有「人人自足，個個圓成」語。是否禪師果述達磨耶？㈢「傳習錄」中，「答顧東橋書」引舜之不告而娶，武之不葬而興師，養志，養口，小杖，割股，廬墓等事。諸事除割股外，均有先秦文獻可據。獨割股則諸註皆引「宋史」「選擧志」蘇軾曰，「上以孝取人，則勇者割股，怯者廬墓」。豈宋以前無文可考耶？東敬治謂「『魏志』孝子傳，張密至孝，爲御史時，母病，乃齋戒割股肉，和藥進，遂愈」。查「魏志」與「魏書」均無「孝子傳」或「張密傳」。

「晉書」「李密傳」有廬墓事而無割股事。「孝友傳」無張密之名。「魏書」「孝感列傳」亦不提張密。執齋註云，「朱子考異之『昌黎外集』，『黃氏日鈔』，『事文類聚』。五月五日下，『瑯琊代醉』二十卷等論之。李退溪『自省錄』亦論之」。朱子「大學或問」經文「治國平天下」項下亦提割股。然皆不詳出處。「莊子」「盜跖篇」介子推割股以食文公。此言忠而非言孝。「韓昌黎全集」「外集」卷四「鄠人對」，有割股爲母瘳而有請旌者，文公批評之。「新唐書」卷一九五謂割股愈親係基于唐陳藏器「本草拾遺」之言。同書卷一九六有王友貞割股愈親而受旌之事。凡此皆唐典，果前此無之耶？（參看上文第一二一頁。）

以上順及考據之難，求教大雅。然此等細節，與王氏宏旨無關。所幸譯本出版以後，頗得各方注意，而于王學進展，不可不謂爲有力焉。

三、明代思想之集中研究

一九六五年哥倫比亞大學狄培瑞教授設明代思想研究組，特聘日本九州大學岡田武彥教授，澳洲國立大學柳存仁教授，與美國德謀斯（Dartmouth）大學陳榮捷教授爲訪問教授，與研究生十餘人每週輪流獻文討論。是爲歐美高級研究王學之始。是年夏美國學會聯會（American Council of Learned Societies）中國思想委員會舉行明代思想會議。會期七日，由狄培瑞總其成。參加者十餘人。獻文討論，繼陳榮捷論明初程朱學派與香港簡又文教授論陳獻章之自然哲學以後，即有關于王學四篇，即香港中文大學新亞書院唐君毅教授之「道德心觀念由陽明至王畿之發展」，岡田之「王畿與存在主義之興起」，狄培瑞之「晚明個人主義與人道主義」，與普林斯敦（Princeton）大學助教授杜維明之「陽明內聖外王之儒家理想」。所獻論文，大半已刊印成書（註一四）。此會集各國學者于一堂，專題探究，極一時之盛。寬言之，此爲歐美明代思想研究之偉大開始。狹言之，則爲王學研究之一大跳躍。對於以後歐美王學研究之影響，必廣而大，則可斷言也。

至於王學研究之內容，則請先言陽明哲學之本身，然後說到陽明與宋明理學之異同與王門流派。關于前者，可分三點言之。

四、專重良知

一九五〇年以前，可謂專重良知。歐美自一九一三年亨克氏發表王陽明論文後，即專重良知而忽略其致良知與知行合一之教。其譯「傳習錄」序中雖提及良知、知行、與仁者與天地爲一體三旨，但無發揮（註一五），其論王氏思想之文，亦大半言心性格物（註一六）。一九一七年戴神父（Weiger）主編「中國宗教信仰與哲學意見」書中王氏一章，其標題爲「心、善、與良知」，其實只言心即理、心之本體、與心之靜。關于知行合一，只選一語而此語又在言心之中（註一七）。餘如哈客曼（Hackmann）（註一八）與福客（Forke）（註一九）等，幾全論良知。哈客曼順及知行，福客略提四句之教而已。以全書討論陽明哲學者，以一九三五年王昌祉爲第一（註二〇）。此書八章之中，以一章述陽明生平，六章論至善在心，良知觀念，良知之實現，良知之實行，良知與本心，與良知之修養，以一章言本心、至善、與道德。知行問題作爲良知實現之一部，而特重理慾之分。四句教亦於道德問題略言之而已。此書頗算正確明瞭，未嘗無開路先鋒之勞，而偏于一面，則誠爲可憾。以後祁地(Cady)與豬城博之亦專論良知（註二一）。

良知誠爲王學之中心，而心學亦爲西方哲學主流之一，是則特別注重，理所當然。惟致良知、知行合一、仁者與天地爲一體，爲陽明哲學之花放，其格致之旨與四言之教，又爲其哲學重要爭辯之點，則亦不應不加以相等之研究。一九五三年倪德衞（Nivison ）曾爲文論陽明前後之知行問題，但非專論王學知行合一之教（註二二）。故一九五〇年以後，西方尚未得陽明哲學之全面觀。得之者，乃此近二十年間事，而有賴于馮友蘭、張君勱、與陳榮捷之著述，與近數年明代思想之提倡也。馮氏「中國哲學史」下篇于一九五三年譯英（註二三）。討論陽明分「大學問」、知行合一、朱王異同，對于「二氏」之批評、愛之差等、惡之起源、與動靜合一，共七節。足以見陽明哲學之全貌。張君勱（註二四）雖以「一元的唯心論者王守仁」爲題，然于朱王之辯與知行問題，與個人和宇宙等問題，均摘要評論。陳氏于其譯「傳習錄」序言中（註二五），次第說明格物、心理爲一、知行合一、致良知、四言教、與天地萬物爲一體等教，以求王學之整個研究。于其「中國哲學資料書」中，選擇王語與概論亦然（註二六）。于是陽明哲學之全體探究，略備規模矣。

五、陽明與禪

歐美既偏重良知，自不免有陽明主靜近禪之印象。福克與王昌祉皆特別注重陽明之主靜默思，皆其例也。于是王氏致知，「必有事焉」，與在事上磨練諸說，晦而不顯。甚以爲王氏中心敎理爲靜坐，而大受禪宗之影響者。美國兩大東方學權威所著而影響極大之「東亞史」（註二七），即爲此說。雖歐美談禪，四五十年來，日趨日盛，並不借重王學。然談王者則多以之爲禪，而不知其敎靜坐乃其早年之事，又不審「傳習錄」之敎。「傳習錄」上，「日間」條，只以主靜爲「因病而藥」。下卷「九川」條，答問靜坐云，「靜未嘗不動，動未嘗不靜」。「靜坐」條云，「須在事上磨練，做工夫乃有益。若只好靜，遇事便動，終無長進」。陽明早年（一五一〇）居滁（近南京）時，敎人靜坐。據「傳習錄」下，「一友」條，乃因「諸生多務知解，口耳異同，漸有喜靜厭動」之病，乃使去事上磨練。惟以馮友蘭等以王學爲心學之故，歐美乃有王氏近禪之誤會。即英國學問淵博，中國科學史權威之李約瑟氏（Needham）亦未免如此（註二八）。陳氏有見及此，乃發表「王陽明之禪也何似」？一文（註二九），大意謂陽明之採用禪語，引禪故事，用禪方術，遊宿禪寺，書序羨美日本和尚桂悟了庵，皆無特殊意味。王與禪接觸不多，而評佛則比朱子尤甚。蓋朱子從社會、倫理、歷史、哲學方面着眼，而王則集中于佛家心說，指出㈠有心即不能如佛氏之無思無慮。㈡佛家不着相，實亦着相。㈢佛之頓悟與常惺惺，皆非心之全體大用。㈣佛家養心之方，于世無補。此從心之功用而發，與朱子「觀心說」之從心體評佛不同云云。

六、陽明與西哲之比較

歐美既偏重陽明心學，則與西哲如巴克萊（Berkeley）等比較，似有勢所必然者。李約瑟謂王之良知，先于巴克萊唯心論二百年，其格物為善之論又先于康德（Kant）之斷言令式，即「無上大法命令」（Categorical Imperative），此為前人所未及言者。目前此並未有人將王與西方唯心大哲巴克萊比論，實一奇事。祁地之小册（註三〇）專講良知，最後略與笛卡兒（Descartes），斯賓諾莎（Spinoza），與萊布尼茲相較。此或因當時（一九三六）中國學者對此三哲學家比較注意也。張君勱談到王之重意志，指出其與叔本華（Schopenhauer）相同。說到外物之知，指出與巴克萊及康德相似。又謂其思之形式在心，與康德如一，亦可同于黑格爾（Hegel）經驗世界為精神之逐步包含，且為法國哲人柏格桑（Bergson）與美國實驗學派之豫期云（註三一）。凡此皆順便一言，並非深究。然已指出路線，可為後來學者之嚮導矣。一九六五年鄭和烈為文比較王氏與西方現象學，謂王之哲學特色為意志，故有現象學與存在主義本質上之成份云云（註三二）。王學與西哲比較，只此而止。不外僅開其端而已。

至于陽明之與宋明理學諸子及王門派別，則議論較多。茲略述如下：

七、陸王關係

陸王關係，歐美尚無專文討論。「陸王」一詞，則漸多採用。在讀者心目中以心學爲陸王之學，可無疑義。至于王與陸象山之關係，黃秀璣女士强調陸對于王之影響，引王氏「象山文集序」，「與席元山書」，與「答徐成之」，指爲王氏自認其思想得自陸氏之據。又謂心即理、致良知、知行合一三說皆來自陸氏云（註三三）。然王序發揚陸氏內求諸心之旨，席書稱贊陸氏簡易之學，但謂不免沿襲，徐書則專辨朱陸異同，皆不足爲王氏致良知與知行合一曾受陸學薰染之據。馮友蘭謂王必受陳白沙與湛甘泉之影響，而究亦自得。心學由陸象山、楊慈湖開其端，大成則有待于王云（註三四）。在其「中國哲學簡史」則數提陸子，謂王與周敦頤、程顥、象山同一路線，惟較有條緒而精確焉（註三五）。張君勱亦云王氏雖可稱爲陸氏後繼，然其哲學系統之廣大周全，則非陸氏可比，故應作爲創始之見（註三六）。陳氏雖非專論陸王異同，然在譯「傳習錄」引言中指出「傳習錄」上，「象山」條，陽明以象山在人情事變上做工夫之說爲然。「傳習錄」下，「陸子之學」條，陽明以象山之學爲有粗。陽明絕少述引象山之言。「傳習錄」中只「答羅整菴書」內「以學術殺天下後世」一語而已。年譜載陽明免陸門嫡派子孫差役，選送優秀子弟肄業，又刻「象山文集」。可知王對陸之尊崇。至于其學，則「答友人書」云，「吾于象山之學有同者，非是苟同。其異者自不掩其爲異也」。可見其獨立自得之精神云（註三七）。

八、陽明與朱子

王學爲朱子學之大反動，則研究陽明，必針對朱子，自屬必然。然亨克、戴神父、福客、祁地、王昌祉等，皆未論及（註三八）。「朱子晚年定論」爲朱王異同之一重要文件。亨克譯其序，誤謂此爲王自述其少年經驗與如何得到晚年見解（註三九）。王氏于朱陸異同之辨，莫詳于兩「答徐成之書」。王氏之說朱子格物及其晚年定論，又詳于「傳習錄」中之「答顧東橋書」與「答羅整菴書」。亨利（Henry）與謝壽昌共譯之爲法文，但無評語。亨克譯之爲英語，亦不加一言（註四〇）。馮友蘭則特闢一節專論朱王異同，指出朱子析心理爲二，而王氏則無心即無理。朱子以心具衆理，惟具體事物，則不能具于吾人心中，而陽明則以天地萬物皆在吾心（註四一）。張君勱更在在指明朱王之對立，謂朱子之二元論有如笛卡兒，而王之心即理則有如康德。王以朱子「心與理而已」一語之「與」字（「傳習錄」上，「或問晦庵」條），與延平「當理而無私心」（同上，「延平」條），皆析心理爲二。此乃對朱子二元論之反動。其後「大學」古本與「朱子晚年定論」，皆可見其與朱子根本不同云云（註四二）。陳氏譯「傳習錄」，當然譯其「朱子晚年定論序」。陳氏備短引以言明王氏一方以委曲調停其與朱子之衝突，一方所以減輕朱派對王之攻擊，而一方又藉朱子之語，發表其本人思想而已（註四三）。以上馮、張、陳雖已指出朱王之基本對立，然朱子與王之深刻比較，則仍有待來者。

九、陽明與羅欽順、湛若水

王羅之辯，共有四點。一爲關于朱子晚年定論，一爲關于古本「大學」，一爲心即理說，其四則格物之辯也。西方于此雖未深究，然問題經已提出，文獻亦略備，已如上述。幸得張君勱特設「王守仁與羅欽順、湛若水」一章，選譯羅整菴致陽明書之一部，强調羅之以朱子爲不分內外而以王氏「向于內而遺于物」之爲禪。羅氏致王又一書，力評王氏格物爲正心之論。張亦譯此書之有關部分而綜其大意。馮友蘭亦略言羅對于王之心即理說之反動。于是王羅之間之主要問題，略有可見矣（註四四）。

馮氏又引「甘泉文集」之「心性圖說」一段云：「心也者，包乎天地萬物之外，而貫乎天地萬物之中者也」，謂王受甘泉此處之影響。張氏則明示王之致良知與湛之隨處體認天理之不同。張譯「答陽明王都憲論格物書」首數段。此處湛評王之訓格爲正，有近釋、老之主觀，而辯其本人隨處體認天理之說，並非如王所謂求之于外，而實兼知行，合內外而言者（註四五）。泰西之討論王、湛關係，僅此而止。然張君勱開一新方面，爲功不小也。

十、王門流派

王學遍佈天下，支配明代思想百有餘年。是則研究陽明，自非連及其門下不可。一九三四年福客之書有「王陽明與其弟子」一章，包括王艮、徐愛、鄒守益、錢德洪、王畿、羅洪先、以至東林學派之顧憲成，凡三十頁。可謂空前之舉。每人只簡述其生平與思想，而于王門之潮流轉變，不注意焉（註四六）。馮氏討論陽明弟子，只及王畿、王艮二人，實趨片面，而于其禪之趨向，不免誇張（註四七）。一九六二年張君勱之書，另設「王門之衝突」一章，依「明儒學案」，分八地區。浙中派述徐愛、錢德洪、與王畿。江右派論鄒守益、聶豹、與羅洪先。南中、楚中、北方、粵閩四派不論，而論李材頗詳。最詳者爲泰州系。蓋張以王艮爲王門領袖，故深入之，而兼及趙貞吉、羅汝芳、周汝登、與李贄，各述其于陽明本教之承抗與流派之別，而于周汝登與許孚遠關于天泉證道四言教之爭辯，乃佔全章四十三頁中之十二，蓋所以側重王學之根本問題，即心體之有無善惡是也（註四八）。張氏此書，可謂開研究王門之新頁矣。

繼張氏之書而起者，則爲上述之一九六五年明代思想之集中研究。是年明代思想會議所獻論文，其中有三篇以王門爲主題者，大有總括之價值。唐君毅在其「道德心觀念由陽明至王畿之發展」一文，以王之良知，體用不二。良知之爲善去惡，乃其本身使然。故爲聖人之道，爲善去惡之後，心中不應尙存有所謂善。是先無善惡，繼知善惡之分，又繼而爲善去惡，最後乃又無善惡之分。此爲循環狀態。王氏死後，其門人所臨問題，即在良知之前，先有善惡之意念。聶豹、羅念菴等江右派主張歸寂，即主靜、主定、主寂，于未發之中求良知之本體，而王畿則主良知不分未發已發。此實符合陽明體用不二之旨。良知爲先天，爲現成。君子之道，以無念爲宗。無念者，即念而離念也。此即是無。故王畿之知爲純粹之知，其良知可謂爲至有，而亦可謂爲至無。于此比較陽明爲進一步云（註四九）。

岡田討論「王畿與存在主義」，强調王畿之頓悟無善無惡之心體，以至意、知、物之皆無善惡。直悟本體，當下現成，有如懸崖撤手，拿雲制電，直下自證自悟。此爲無覺之覺，無緣起之悟。由無而有，非若老、莊、楊簡之由有而無。不虛不寂，因本體乃活潑生機故也。是以王畿排誠意後天之學，而倡正心先天之學。批評歸寂派與修證派之分良知體用爲二，在體上用功而忽略功夫。在王畿則體用如一，即體即用。王艮亦重現成，又重實踐，以道爲一。謂識得此理，則現成自在。此乃現成論之易簡直截者云。

狄培瑞「晚明之個人主義與人道主義」之文，着眼于個人主義。首述王艮之推進陽明人人可以爲聖之思想，惟陽明之良知之重心在道德覺心，而王艮之良知則以自我爲事物之中心。是以陽明重心而王艮則重力。換言之，王艮以自我爲根，社會爲葉。其淮南格物之說，在安己以安國家，正己以正人，明哲保身，皆向個人主義發展。何心隱以自我表現比自我約束爲重，又以神氣爲至上。是以由陽明人性爲心內理之活動之觀念與王艮之推重肉體與道德之我，進而爲從傳統束縛之中，解放自我。又主張欲不可無，但可以化公爲私。李贄爲明代個人主義之最高峯。其說爲本性清淨，人人各有特殊之處。是以各應安處其爲自我。李又發揮王艮百姓日用即爲道體之說。其重點在普通平民與自然生活。可見其個人主義之至爲劇烈。

上擧三文，爲我國、日本、美國三國理學權威各分析王門之一方面，其水準之高，爲前所未有，誠盛事也。

十一、陽明之事功

以上所言，皆屬陽明思想。西方之漢學專家，大都知陽明爲思想家，然于其偉大事功，如平亂、治邊、安撫、保甲，知者尙少。上面所舉「東亞史」之明史部分佔五十頁。其中談宦者與魏忠賢佔兩頁，而于陽明平亂撥治，使大明得享一百餘年之太平者，一字不提。即說到保甲，亦不及王（註五〇）。可知王之功業，尙未爲歐美學者所認識。此則並非歐美尙無陽明傳記材料。蓋諸書均有王子略傳。張煜全且曾發表專篇，選譯年譜，詳而且確。又論王氏思想之實施，如王之教育如何？行政如何？用兵如何？均甚可觀。張又譯邊防八事與「南贛鄉約」（註五一）。惜此文知者甚少。陳氏譯「傳習錄」，特加陽明之政治社會文章，如「陳言邊務疏」，「十家牌法」，「添設和平縣治疏」，「南贛鄉約」等七篇。正所以見王氏事功之所在也。陳氏又爲美國亞洲學會「明代名人傳」撰王氏生平，凡五千言，足備歐美學者講述陽明生平事蹟之採用，更足以改正以陽明爲坐禪之誤焉。

十二、日本王學

最後可加數語者，則日本王學。王學之在日本，光輝發展，影響廣大，西洋之研究日本思想，當大加注意。然日本朱子學已有西文專文專書。反視王學，則絕無之。然早在一九一四年Armstrong 著有王學一章，包括中江藤樹、熊澤蕃山、北島雪山、三輪執齋、中根東里、林子平、佐藤一齋、大鹽中齋、佐久間象山、西鄉隆盛、與吉田松蔭（註五二），雖簡而淺，然比諸福客氏一九三八年之始述我國王門諸子，則已早二十四年，此亦一大有趣味之事也。

總之，歐美王學已開其端，近十年進步更大。目下尚無中心，亦無專家，著作者仍以東方人爲多，著述又大多限于英文。然材料略具，論題清楚，明代歷史與我國哲學在歐美學壇日增光輝，則王學研究，當必日進無已也。

* * * *

十餘年前承岡田武彥博士之約，草成此文。其時日本學者爲一九七二年王陽明誕生五百年紀念，籌劃「陽明學大系」十二册，以第一册爲「陽明學入門」，凡十七章，而以「歐美之陽明學」屬予。原以中文寫成，由石川梅次郎譯爲日文，載一九七一年東京明德出版社之「陽明學入門」頁三八五至四〇五。原文則于民國六十一年（一九七二）登在「華學月報」第四期頁三十六至四十七。當時資料最後採至一九七〇年，于今已十四年矣。在此時期之內，西方研究王學，有進無已。新增論文專書，不下三十種。著者大部爲東西專家，然歐洲只得英國一人而已。

以成續論，大有可觀。翻譯者有秦家懿之陽明七十二書札（註五三）。專書有秦氏之「求智——王陽明之道」（註五四），分論心、格物、致良知、良知本體、與四句教。又譯序文七篇，詩二十五首。此書乃根據其博士論文而作。又有杜維明之「活動中之新儒家思想——

王陽明之青年，一四七二——一五二九」（註五五）。此亦以其博士論文爲底本而加以精深之考察，討論陽明自我之尋求與其知行合一思想之互相影響，與夫此項進展對於朱陸之反應。最近更有柯雄文之「知行合一——王陽明道德心理之研究」（註五六）。詳細討論意、理等觀念與道德之反省。柯氏乃西方哲學專家。以其所見分析陽明思想，相當精微。

論文部分，大多專題討論，富學術性。概論者只一九七四年大英百科全書陳榮捷所撰「王陽明」一文。陳氏以英文尙乏陽明詳傳，乃于一九七二年爲「東西哲學」季刊撰六千言。又承一九七四年亞洲學會籌備印行「明代名人傳」之託，寫陽明傳，字數相若（註五七）。秦家懿之「王陽明——狂者之研究」（註五八），則品評陽明之人格。陽明嘗云，「我在南都以前，尙有些子鄉愿的意思。我今信得這良知，眞是眞非。信乎行去，更不著些覆藏。我今纔做得箇狂者的胸次，使天下之人，都說我行不揜言也罷」（註五九）。

以上諸篇涉及陽明思想，只是附帶而言。其他大多論文，則集中於陽明要旨，尤其是四句教與心兩題。陽明四句之教，聚訟數百年。毋怪近年英語著作之中，有四篇專論此題。秦家懿「求智」之書，以第六章爲「無善無惡」（註六〇）。一九七三又爲文「善惡之外」（註六一），比較簡略。提出王畿四無與錢德洪四有之異及其四句教與佛道之同。同年理學權威牟宗三撰一長篇，名「王陽明直傳——王畿之四無論」（註六二），釋四有四無之義。以王畿親承陽明末命，其微言往往而在。故四句之教，設論爲先天之學抑後天之學，爲漸悟抑爲頓悟，均可通用。以此觀之，王畿四無之教，根本與陽明良知之教並無抵觸。翌年杜維明發表其「王陽明四句教之研究」（註六三），從王畿、錢德洪、佛教、道教各方面探究，又從心、良知、修身、氣各角度探討。可謂達乎西方討論四言教之高峯。五年後成中英撰「明儒學案中四句教之同一性與意義」（註六四），從心之本體立論。以本體無善惡，善惡起于意之動。若念正則至善矣。故劉宗周與黃宗羲之批評，乃出于誤會云。所謂明儒學案，指此而已。

成教授之「王陽明心的哲學之統一性與創造性」（註六五），亦着眼於心之本體，謂本體可於意、良知、與知行合一見之。前此理學巨擘唐君毅著「由王陽明至王畿道德心的觀念之發展」（註六六），以王氏之良知爲朱子與陸象山道德心之綜合，而王畿之解良知爲無善無惡與其先天之學，似脫離陽明而接近象山云。劉述先在「王陽明是怎樣的唯心主義者」文中（註六七），批評秦家懿、馮友蘭等人之以王爲巴克萊一類之主觀唯心論者，而其本人則以王爲一種客觀唯心論者。其理由爲㈠所謂心即理者實無分內外。心無私慾，即可知天。㈡天包括一切，活潑生生無已。㈢人人有良知，可與天地之心合而爲一。此外杜維明（註六八）與秦家懿（註六九）之論天人合一與夫Wienpahl之談陽明靜坐（註七〇），或詳或略，皆於陽明中心思想有所貢獻。

至於陽明與其他哲學家之關係，上舉諸篇雖略言及，而亦有專論者。方東美說明朱陸道佛對於陽明教旨之背境作用（註七一）。陳榮捷指出湛若水造道之說對於陽明致良知思想之影響（註七二）。唐君毅歷述呂柟、黃綰、羅欽順、湛若水等人對於陽明之批評（註七三）。

McMorran 專論王夫之之評陽明（註七四）。Nivison 比較陽明與存在主義（註七五），莫不充實精詳，爲王學放光彩。

王學流派方面，則有岡田武彥之「王畿與存在主義之興起」（註七六）與其「明代與德川時期之朱王學派」（註七七），荒木見悟之「明代之儒佛」（註七八），張鍾元之「王龍溪哲學中『同一』概念之基本源泉」（註七九），de Bary 之「明代後期之個人主義與人道主義」（註八〇）與 Dimberg 之「聖人與社會——何心隱之生平與社會」（註八一），皆是精美之作。

綜觀近年王學研究，最重要而意義最深者，莫如一九七二年六月在夏威夷大學舉行之比較陽明學會議。先是一九七一年陳榮捷在東亞與比較哲學學會年會提議，謂翌年爲陽明誕生五百年紀念之年，學界應有慶祝。全會立即通過贊成。「東西哲學」主編 Eliot Deutsch 在場，歸夏威夷即與航空公司總經理程慶和（Hung Wo Ching）博士磋商。程君曾爲兩次東西哲學家會議籌款。此次欣然贊助。於是聘請岡田武彥、方東美、唐君毅、牟宗三、陳榮捷、成中英、杜維明、McMorran、Nivison、張鍾元等討論五日，以「東西哲學」第二十三期爲獻文特號，即上面所舉是期各文是也。是會有兩特色。一則此會爲中國哲學家個人討論會之首次，比國際朱熹會議尚早十年。二則在此國人攻擊王學之秋，捐款獻文，竟大多爲中國人。陽明有靈，必也含笑。

註一："Philosophical Opinions of Chu futsz on the immaterial principle and primary matter, furnished by a correspondent〔W.H. Medhurst〕, The Chinese Repository, 卷八（一八四四），頁五五二至五五九，六一九。

註二：F.G. Henke（亨克），"A Study in the Life and Philosophy of Wang Yang Ming, 卷四十四（一九一三），頁四六至六四。此文下半又見 Journal of North China Branch of the Royal Asiatic Society 卷二十四（一九一四），頁一七至三四。

註三：E.C. Bridgeman, "Notices of Chinese Cosmogony: formation of the universe, heaven, earth, the sun, moon, stars, man, beasts, etc. Selections from the Complete Works," The Chinese Repository 卷十八（一八四九）頁三四二至三七〇。

註四：Frederick Goodrich Henke 譯，The Philosophy of Wang Yang-Ming, Chicago, Open Court, 一九一六。

註五：Wang Tsch'ang-tche（王昌祉），La Philosophie Morale de Wang Yang-Ming, Shanghai, T'ou Ke-We（徐家匯） Press 一九三六。

註六：Milton A. Murayama（村山），"A Comparison of Wang Yang-ming and Zen

Buddhism," Tu Wei-ming（杜維明），"The Quest for Self-realization---A Study of Wang Yang-ming's Formative Years（1472-1509）".

註　七：Julia Ching, "To Acquire Wisdom : The Way of Wang Yang-ming（1472-1529）".

註　八：詳見註九所引傅陳合著。

註　九：詳見 Charles Wei-hsun Fu（傅偉勳）與 Wing-ssit Chan（陳榮捷），Guide to Chinese Philosophy, Boston, G.K. Hall, 一九七八，頁七六至八一。

註一〇：Wing-tsit Chan, "How Buddhistic is Wang Yang-ming ?" Philosophy East and West，卷十二（一九六二），頁二〇三至二一六。"Wang Yang-ming," Encyclopaedia Britamnica，一九六九。"Wang Yang-ming," The Encyclopedia of Philosophy，一九六七。"Wang Yang-ming," Encyclopedia Americana，一九六九。"Wang Yang-ming's Criticism of Buddhism," 在 Ram Jee Singh 主編之 World Perspective in Philosophy, Religion, and Culture，印度，Patan，Sharati Bhawar 一九六八，頁三一至三七。又陳譯傳習錄，參看註十三。

註一一：Carsun Chang（張君勱），"Wang Yang-ming's Philosophy," Philosophy East and West 卷五（一九五五），頁三至十八。"Wang Yang-ming's Philosophy", Asian Culture 卷一（一九五九）春季，頁五五至五七。Wang Yang-ming, the

Idealist Philosopher of Sixteenth-Century China, New York, St. John's University Press, 一九六二。

註一二：Carsun Chang, The Development of Neo-Confucian Thought 第二冊，New York, Bookman Associates 一九六二。

註一三：Wing-tsit Chan 譯 Instructions for Practical Living and Other Neo-Confucian Writings by Wang Yang-ming, New York, Columbia University Press, 一九六三。

註一四：Wm Theodore de Bary 主編，Self and Society in Ming Thought, New York, Columbia University Press, 一九七〇。

註一五：參看註四，頁十三至十四。

註一六：參看註二。

註一七：Leon Wieger（戴神父），A History of the Religious Beliefs and Philosophical Opinions in China 一九一七 Edward Chalmers Werner 譯，Hsien Hsien（獻縣），一九三〇，頁二五〇至二六〇。

註一八：Heinrich Hackmann（哈客曼），Chinesische Philosophie, Munchen, Ernst Reinhardt, 一九二七，頁三五六至三七三。

註一九：Alfred Forke（福客），Geschichte der neueren chinesischen Philosophie,

Hamburg, Friederischsen, de Gruyter & Co. 一九三八，頁三七一至四四〇。

註二〇：參看註五。

註二一：Lyman V. Cady（祁地），Wang Yang Ming's "Intuitive Knowledge", Peking, School of Chinese Studies，一九三六。Hiroyuki Iki（猪城博之），"Wang Yang-ming's Doctrine of Innate Knowledge of the Good," Philosophy East and West 卷十一（一九六一），頁二七至四四。

註二二：David S. Nivison（倪德衛），"The Problem of 'Knowledge' and 'Action' in Chinese Thought since Wang Yang-ming," 在 Arthur F. Wright 主編之 Studies in Chinese Thought, Chicago, Chicago University Press 一九五三，頁一一二至一四五。

註二三：Fung Yu-lan（馮友蘭），A History of Chinese Philosophy 下編，Derk Bodde（包德）譯，Princeton, Princeton University Press，一九五三，頁五九六至六二〇。

註二四：參看註十二。

註二五：參看註十三。

註二六：Wing-tsit Chan, A Source Book in Chinese Philosophy, Princeton, Princeton University Press，一九六三，第三十五章。

註二七：Edwin O. Reischauer（賴世和）與John K. Fairbank（費正清），East Asia: The Great Tradition, Boston, Houghton Mifflin Co. 一九五八，頁三〇九。

註二八：Joseph Needham（李約瑟），Science and Civilization in China: History of Chinese Scientific Thought, London, Cambridge University Press, 一九五六，頁五一〇。

註二九：Wing-tsit Chan, "How Buddhistic is Wang Yang-ming?" Philosophy East and West 第十二卷（一九六二），頁二〇三至二一六。此文大意又名「王陽明與禪」，人生第二十七卷第十一期（一九六四年四月），頁七至十、十三。

註三〇：參看註二一。

註三一：註十二所引張著，頁五三、五六、七一。

註三二：Hwa Yol Jung（鄭和烈），"Wang Yang-ming and Existential Phenomenology," International Philosophical Quarterly, 第五卷（一九五六），頁六一二至六三九。

註三三：Siu-chi Huang（黃秀璣），Lu Hsiang-shan, A Twelfth Century Chinese Idealist Philosopher, New Haven, American Oriental Society, 一九四四，頁八九至九四。

註三四：註二三所引馮著，頁五九二至五九六。

註三五：Fung Yu-lan, A Short History of Chinese Philosophy, New York, Macmillan

Co., 一九四八，頁三一五。

註三六：註十二所引張著，頁五二。

註三七：註十三所引陳著，序言頁二三至二四。

註三八：註二、四、五、十六、十九、二一所引諸書。

註三九：註四所引亨克著，頁四九三。

註四〇：Y. Henry（亨利），S.J. Sie Cheou-tch'ang（謝壽昌），"Lettress doctrinales de Wang Yang-ming," Bulletin de L'Universite L'Aurore, 第九卷（一九二五），頁一九至四一，第十卷（一九二五），頁四〇至七七。又註四所引亨克著，頁二九四至三三五，三七〇至三八〇，三八九至四〇〇。

註四一：註二三所引馬著，頁六〇五至六一〇。

註四二：註十二所引張著，頁五七至五八、六一，六八至七〇。

註四三：註十三所引陳著，頁二六三至二六七。

註四四：註十二所引張著，頁八一至八六。註二三所引馮著，頁六二一至六二二。

註四五：註二三所引馮著，頁五九六。註十二所引張著，頁九〇至九二。

註四六：註十九所引福客著，頁三九九至四二八。

註四七：註二三所引馮著，頁六二三至六三〇。

註四八：註十二所引張著，頁九八至一四二。

註四九：此文及以下兩文均見註十四所引之書。

註五〇：註二七所引之書，頁三〇三。

註五一：Y.C. Chang（張煜全），"Wang Shou-jen as a Statesman," *Chinese Social and Political Science Review*，第二十三卷（一九三九至一九四〇），頁三〇至九九，一五五至二五二，三一九至三七五，四七三至五一七。

註五二：R.C. Armstrong, *Light from the East：Studies in Japanese Confucianism*, Toronto, University of Toronto，一九一四。

註五三：Julia Ching, *The Philosophical Letters of Wang Yang-ming*, Canberra, Australian National University Press，一九七二。

註五四：Julia Ching, *To Acquire Wisdom, the Way of Wang Yang-ming*, New York, Columbia University Press，一九七六。

註五五：Tu Wei-ming, *Neo-Confucian Thought in Action —Wang Yang-ming's Youth, 1472-1509*, Berkeley, University of California Press，一九七六。

註五六：A.S. Cua, *The Unity of Knowledge and Action：A Study in Wang Yang-ming's Moral Psychology*, Honolulu, The University Press of Hawaii，一九八二。

註五七：L. Carrington Goodrich（富路特）與Chaoying Fang（房兆楹）合編，*Diction-*

ary of Ming Biographies, 1368-1644, New York, Columbia University Press, 一九七六。

註五八：Julia Ching, "Wang Yang-ming (1472-1529): A Study in 'moral ardour'," Papers on Far Eastern History, The Australian National University, 一九七一年三月，頁八五至一三〇。

註五九：「傳習錄」，下，「薛尚謙」條。

註六〇：參看註五四。

註六一：Julia Ching, "Beyond Good and Evil, the Culmination of the Thought of Wang Yang-ming (1472-1529)", Numen, 第二十二期（一九七三），頁二七至一三六。

註六二：Mou Tsung-aan, "The Immediate Succession of Wang Yang-ming: Wang Lung-hsi and His Theory of Ssu-wu," Philosophy East and West, 第二十三期（一九七三），頁一〇三至一二〇。

註六三：Tu Wei-ming, "An Inpuiry into Wang Yang-ming's Four-Sentence Teaching," The Eastern Buddhist, 第七卷，第二期（一九七四），頁三一至四八。

註六四：Chung-Ying Cheng, "Consistency and Meaning of the Four-Sentence Teaching, in Ming Ju Hsueh An," Philosophy East and West, 第二十九期（一

九七九），頁二七五至二九四。

註六五：Chung-ying Cheng, "Unity and Creativity in Wang Yang-ming's Philosophy of Mind," 同上，第二十三期（一九七三），頁四九至七二。

註六六：Tang Chun-i, "The Development of the Concept of Moral Mind from Wang Yang-ming to Wang Chi," 在註十四所引書，頁九三至一一九。

註六七：Liu Shu-hsien, "How Idealistic is Wang Yang-ming?" *Journal of Chinese Philosophy*, 第十卷，第二期，頁一四七至一六七。

註六八：Tu Wei-ming, "Subjectivity and Onotological Reality — An Interpretation of Wang Yang-ming's Mode of Thinking," *Philosophy East and West*, 第二十三期（一九七三），頁一八七至二〇五。

註六九：Julia Ching, "'All in One' — The Culmination of the Thought of Wang Yang-ming (1472-1529)," *Oriens Extremus*, 第二十期（一九七三），頁一三七至一五九。

註七〇：PauL Wienpahl, "Wang Yang-ming and Meditation," *Journal of Chinese Philosophy*, 第一卷，第二期（一九七四），頁一九九至二二七。

註七一：Thomé Fang, "The Essence of Wang Yang-ming's Philosophy in a Historical Perspective," *Philosophy East and West*, 第二十期（一九七三），頁七

三至九〇。

註七二：Wing-tsit Chan, "Chan Jo-shui's Influence on Wang Yang-ming," 同上，頁九至三〇。

註七三：Tang Chun-i, "The Criticism of Wang Yang-ming's Teachings as Raised by His Contemporaries," 同上，頁一六三至一八六。

註七四：Ian McMorran, "Late Ming Criticism of Wang Yang-ming: The Case of Wang Fu-chih," 同上，頁九一至一〇二。

註七五：David Nivison, "Moral Decision in Wang Yang-ming: The Problem of Chinese 'Existentialism'," 同上，頁一二一至一三七。

註七六：Takehiko Okada, "Wang Chi and the Rise of Existentialism," 在註十四所引書，頁一二一至一四四。

註七七：Takehiko Okada, "The Chu Hsi and Wang Yang-ming Schools at the End of the Ming and Tokugawa Periods," Philosophy East and West, 第二十三期（一九七三），頁一三九至一六二。

註七八：Araki Kengo, "Confucianism and Buddhism in the Late Ming," 在 Wm. Theodore de Bary 主編，The Unfolding of Neo-Confucianism, New York, Columbia University Press, 一九七五。

註七九：Chung-yuan Chang, "'The Essential Source of Identity' in Wang Lung-ch'i's Philosophy," *Philosophy East and West*, 第二十三期（一九七三），頁三一至四七。

註八〇：Wm. Theodore de Bary, "Individualism and Humanitarianism in Late Ming Thought," 在註十四所引書，頁一四五至二四七。

註八一：Ronald G. Dimberg, *The Sage and Society: The Life and Society of Ho Hsin-yin*, Honolulu, The University of Hawaii Press, 一九七四。

論明儒學案之師說

黃宗羲（字太冲，號梨洲，一六一〇——一六九五）著明儒學案，節錄明儒哲學著作，並先評述其言行，爲有明一代學術思想之藪。其精確處，我國學術史無以上之。其書冠以「師說」。此處「師」指宗羲之師劉宗周（號念臺，稱蕺山先生，一五七八——一六四五）。師說共二十條略評明儒二十二人。以方孝孺始，許孚遠終。明思想家之偉大者如曹端、薛瑄、吳與弼、陳獻章、王陽明、鄒守益、王畿、羅欽順，次者如呂柟、羅汝芳、李材均及之，然缺胡居仁、婁諒、湛若水、王艮、聶豹、王時槐等。每條十百千字。其最長者爲第十四條羅欽順，凡一千七十四字。最短者爲第五條陳剩夫眞晟僅三十三字。然第二十條許孚遠亦只七十字。孚遠爲宗周之師，贊美備至。故不可以條之長短論也。此師說源自何處？宗羲何以置諸書首？此兩問題于明儒學案有密切之關係，不可不詳考之。

所謂師說，可爲弟子憶述其師之言，可爲弟子依師之意而作，亦可爲弟子摘錄其師著述。宗羲于學案發凡與自序，均未言及其師說來自何處，及其所以採錄之由。讀者以師說冠全書，乃宗羲之所以尊崇其師，或以學案乃根據師說而作。竊以謂其尊師則可，謂其據師說以著學案則不可。即其尊師亦是和而不同。此點有關學案之根本精神，不可不辨。

「師說」一詞，首見魏志卷四高貴鄉公髦傳，云，「臣奉遵師說」（註一）。韓愈（七六八—八二四）以之名篇（註二）。韓氏所謂師者，概言而已，不指一人。首指本人之師者為明人趙汸（一三一九—一三六九）。四庫全書總目提要叙宗義孟子師說云，「其曰師說者，仿趙汸述黃澤（一二六〇—一三四六）春秋之學，題曰春秋師說例也」（註三）。查宗義有孟子師說七卷。其題辭云，「先師子劉子于大學有統義，于中庸有愼獨義，于論語有學案。皆其微言所寄。獨于孟子無成書。義讀劉子遺書，潛心有年。麤識先師宗旨所在。竊取其意，因成孟子師說七卷」，題黃宗義撰（註四）。是則宗義此著，乃本舊聞于其師之說而成者也。王梅生跋云，「先生（指大本）曰，『且汝知遺獻（指宗義）之標是題也，亦有所本乎？本于仲素羅氏（羅從彥，一〇七二—一一三五）之成書。仲素游楊龜山先生（楊時，一〇五三—一一三五）門。龜山授以「饑者甘食，渴者甘飲」章（註五），申明人能無以饑渴之害為心害，須當下猛省。仲素遂薈萃緒論，成孟子師說一書。遺獻之為此題辭也，猶羅氏志也』」。吳大本之說不知何所本。然宗義孟子師說依師意以成書，則可斷言。然則學案之師說亦依師意而作耶？

姚名達著劉宗周年譜云，「先生自去年始輯皇明道統錄。至是年（天啓七年丁卯，一六二七，宗周年五十）始告成，凡七卷。其體裁倣朱熹名臣言行錄。首紀生平行履，次抄語錄，末附斷論。大儒則特書。餘各以類見。去取一準孔孟。有假途異端以逞邪說，託宿鄉愿以取世資者，擯弗錄。即所錄者，褒貶俱出獨見。如薛瑄、陳獻章、羅欽順、王畿等，世推大儒，而先生皆有貶辭。方孝孺以節義著，吳與弼人競非毀之，而先生推許之不置。通錄之中無間辭者，自方吳以外，又有曹端、胡居仁、陳選、蔡清、王守仁、呂柟六人（據舊譜）。其後門人黃宗羲撰明儒學案，當有所感發于此篇而擴充之。其卷首冠以師說數十條，即先生此書之斷論也」（註六）。姚氏以下並錄王守仁、王畿、許孚遠三條。其所謂「據舊譜」，即自「倣朱熹」至「六人」，全引宗周之子汋所記之年譜（註七）。至其所謂師說來自道統錄，是否全憑推測，仍是問題，蓋此書已不可見矣。

去年三月美國亞洲學會舉行年會於波士頓。在明儒學案組上，秦家懿博士指出其來自道統錄，略引劉汋所輯年譜諸語，並謂師說批評薛、陳、羅、王而贊方、吳，與道統錄同，可爲本證。此論據比姚氏爲進一步。然所謂本證，尚有討論之餘地。蓋劉之評人，可出諸著作，亦可出諸言論也。茲查師說多半首云「愚按」，第十八條羅汝芳下又云，「余故擇其喫緊眞切者載于篇」，則師說爲宗周所自撰，而與宗羲之集宗周之說以成孟子師說不同也明矣。

師說既來自宗周遺著，則非有明道統錄莫屬。劉汋所記年譜關于道統錄一段，蓋據宗羲之劉子行狀。行狀云，「先生依名臣言行錄例，以次諸儒。有特書者，有附見者，不以成論爲然。薛敬軒、陳白沙、羅整菴、王龍溪皆有貶辭，而方文正、吳康齋人所不屬者，先生以正傳歸之。又嘗謂義，陽明之後，不失其傳者，鄒東廓，羅念菴耳。作有明道統錄」（註八）。今查所說第十一條王陽明後，即繼以鄒守益與王畿，而不及聶豹、王艮等王門領袖人物，益足見其出于有明道統錄矣。

師說來源既可斷定，則宗義所以採道統錄諸條，置于書端，其用意自可推測。謂其尊師，自無待言。宗周愼獨之說，于有明思想，臻及高峯，而影響宗義滋厚。宗義特尊之，固非普通敬師可比。然謂其以師說冠首，以蕺山學案殿後，乃即以宗周綜合有明一代之思想，如是云云，不止過當，抑亦大有背于宗義明儒學案之本旨也。或謂「學案以陽明爲宗，而宗周可以上繼陽明。故以蕺山學案殿後」（註九）。然宗義以宗周上繼陽明爲一事，以蕺山學案終卷又爲一事。宗周之學，時間上在明代思想爲最後之發展。以個人先後言，則高攀龍（一五六二—一六二六），孫奇逢（號鍾元，一五八五—一六七五）等在宗周之先。然學案以學派爲主。其特起者，後之學者不甚著名，總列諸儒之案。孫奇逢即爲此類。高攀龍屬東林派。顧憲成（一五五〇—一六一二）爲領袖，在宗周之前。故以時間先後及思想開展言，在明以宗周爲最後。故其爲終章，實非暗示宗周思想爲明代思潮之高峯或總滙也。至謂蕺山學案特別專篇，比任何學案數倍之上，乃所以表示宗周之特殊重要，則未必然。宗義晚年方得宗周遺書（註一〇）。劉子思想尙待研究，書亦未甚通行。則多選若干，殊不爲怪。由是觀之，可知學案爲師說之擴大之說，碍難成立矣。

師說之非爲學案典範，其最顯著處，在宗義之只採其師對諸儒之品評敍述而不及其師所選之語錄。道統錄既依朱子名臣言行錄，則其內容與精神必與之相同。查名臣言行錄先敍名臣生平，隨錄其要語及諸家品評議論。中心在乎其人其事。思想敍述甚少，有之亦重修身經世。師說雖較言行錄略多哲學意味，然大半仍屬品格行爲。學案則側重思想。宗義志在述評有明一代思想，與言行錄建樹言行模範不同。宗周以道統名書，其動機恐近朱子，究非如宗羲之作學術批評史也。

即以師說與學案兩者比較，亦可見其異者多而同者少。師說諸儒敍說偏重其人品格而學案則重其人之思想學術，此其最大分別處。宗周論方孝孺（第一節），薛瑄（三），陳眞晟（五），羅倫（九），蔡清（十），孟化鯉等三人（十六），與許孚遠（二十），均只論其品行風尚而不及其思想。宗羲則並及之或且側重之。雖于羅欽順（十四），羅汝芳（十八），宗周宗羲同重思想，于周蕙（六）宗周論思想而宗羲反不論，于陳選（八）則兩者皆不談其思想。然大概而言，宗周重品性行爲而宗羲則重思想學術，至爲顯然。宗周評陳獻章（七）爲欲速見小。宗羲則盛讚之，謂「有明之學，至白沙始入精微」，「作聖之功，至先生而始明」（註一一）。宗周謂薛瑄（三）在朝「未嘗錚錚一論事」。宗羲則特表彰其抗疏致辯（註一二）。宗周信吳與弼（四）確嘗訟弟及于石亨族譜稱門下士，示不滿意。宗羲則謂撫守張璝令人訟吳，而自稱門下士，則引顧允成（號涇凡，一五五四——一六〇七）之言曰，「好事者爲之也」（註一三）。尤重要者，師說于王門弟子只舉鄒守益（十二）與王畿（十三）。私淑則只舉羅洪先（十七）。宗羲則浙中王門王畿以外，有錢德洪等等（學案十一至十五），江右王門鄒守益以外有聶豹、羅洪先、王槐等（學案十六至二十四）。此外又有南中王門（學案二十五至二十七），楚中王門（學案二十八），北方王門（學案二十九），粵閩王門（學案三十）等學派。宗羲有泰州學案共五章（三十二至三十六），以王艮居首。甘泉學案四章

（三十七至四十），以湛若水居首。師說均略之。蓋宗周以個人爲主，而宗羲以學派爲主也。其大異也如此。

宗羲學案之作，乃不滿周汝登（號海門，一五四七—一六二九）之聖學宗傳與採奇逢之理學宗傳。發凡云，「海門主張禪學，擾金銀銅鐵爲一器。是海門一人之宗旨，非各家之宗旨也。鍾元雜收，不復甄別」。宗羲則分別源流，特重學術之一本萬殊。自序云，「盈天地皆心也。變化不測，不能不萬殊。……義爲明儒學案上下，諸先生深淺各得，醇疵互見。要皆功力所至，竭其心之萬殊者，而後成家。未嘗以懞懂精神，冒人糟粕。于是爲之分源別流，使其宗旨歷然」。故宗羲絕不肯如周汝登之以一人之宗旨代各家之宗旨。若謂其以師說始，以蕺山學案終，乃所以表示其師之大成，豈非又是一人之宗旨乎？明乎此點，然後可以了解其何以拒絕同門鄆日初之劉子節要作序，與其于蕺山學案敍說特提此事，而日後于自序中又重提之也。

鄆日初（字仲昇，一六〇一—一六七六）以宗周篇帙繁多，未易盡觀，因仿朱子近思錄例，分類輯錄，共十四類，各爲一卷（註一四）。蕺山學案等案敍說云，「戊申歲（康熙七年，一六六八）義與鄆日初同在越城半年。日初先師高第弟子。其時爲劉子節要。臨別，拜于河滸。日初執手謂義曰，『知先師之學者，今無人矣。吾二人宗旨不可不同。但于吾師言意所在，當稍渾融耳』。義蓋未之答也。及節要刻成緘書寄義曰，『子知先師之學者，不可不序』。……然觀日初高劉兩先生正學說云，『忠憲（高攀龍）得之悟。……先師得之修』。

……彼徒見忠憲旅店之悟。此是禪門路徑，與聖學無當也。先師之愼獨，非性體分明，愼是愼個恁麼？以此觀之，日初亦便未知先師之學也。……此義不序節要之意也。惜當時不及細論」。驟觀宗羲之言，似其所以不肯作序之由，全在鄆日初不解宗周之學。其實當時未及細論。其根本理由，是在反對鄆氏之「吾二人宗旨不可不同」，亦即不肯作爲一人之宗旨。觀其答鄆仲昇書可以知之。書云，「夫先師宗旨，在于愼獨。其愼獨之功，全在意爲心之主宰一語。……其與先儒印合者在此。……其與先儒抵牾者亦在此。……原老兄之心，總碍于論語毋意之一言（註一五），以從事于意，終不可以爲宗旨。故于先師之言意者，一概節去以救之。弟則以爲不然」（註一六）。

二十五年之後，即學案完成十七年之後（癸酉，一六九三），宗羲作自序，重提此事云，「歲己酉（一六六九）毘陵鄆仲昇來越，著劉子節要。仲昇先師之高第弟子也。書成，義送江干。仲昇執手丁寧曰，『今日知先師之學者，惟吾與子兩人。議論不容不歸一。惟于先師言意所在，宜稍爲通融』。義曰，『先師所以異于諸儒者，正在于意，安可不爲發明』？仲昇欲義敍其節要，義終不敢。是則仲昇于殊塗百慮之學，尙有成局之未化也」。觀此可知宗義以其師之偉大，不在與諸儒苟同而在其特異。是則彼與鄆于其師之見解，萬不能歸而爲一。自序改本云，「即如聖門，師商之論交，游夏之論教，何曾歸一（註一七）？奈何今之君子，必欲出于一途。……諸先生學不一途。……余于是分其宗旨，別其源流」（註一八）。

吾人觀其自序，可知宗義特重源別，一本萬殊。四庫全書總目提要謂「宗義此書猶勝國門戶之餘風，非專爲講學設也。然于諸儒源流分合之故，敍述頗詳，猶可考見其得失」（註一九）。此評半是半非。是者源流分合，非者門戶之見。宗羲尊崇其師，人情之常。其評論反映其本人思想，亦意中事。以王學爲明代主流，亦事實上不能不爾。而其不肯歸一，則于自序可以見之。于不肯爲鄆友作序可以見之。于採用師說，亦可以見之。稍以師說比諸學案，即可見與師之不歸一矣。

然則宗羲何以以師說冠學案之首？學案成于康熙十五年（丙辰，一六七六），宗羲六十七歲。早已見其師之有明道統錄。宗周順治二年（乙酉，一六四五）自盡。宗羲爲作行狀，不知何時。行狀已詳述道統錄，則宗羲學案之始，即已摘錄道統錄二十條，以爲冠首，亦未可知。或成書後方加，亦有可能。學案中與發凡皆無痕跡。然側重萬殊之精神，貫通全書。故勿論師說之于學案，或早或遲，其所表示之精神一也。

宗羲既決意綜述明代學術，而其師已先有道統錄。惟宗羲所欲著者，其範圍，見解，與性質不相同。苟置有明道統錄于不顧，不特掠美，而亦非宗羲純然敬師之所爲。若根據道統錄而發明之，則不啻志在歸一。是以舉其師說以冠學案之首。所以尊師，亦所以重道。尊師云者，即以顯示評述有明一代之儒，其師已先爲之。重道云者，即重一本萬殊之理。同者同之，異者異之。于敍述諸儒如此，于採摘師說亦如此。宗周之意說不輕與人同，亦不輕與人異。宗羲之品論明儒，不輕與人同，亦不輕與人異，蓋本此精神以採擇師說也。

註一：魏志，四部叢刊本，卷四，頁二十一上。

註二：韓昌黎全集，卷十二，師說。

註三：四庫全書總目提要，上海商務印書館一九三三年本，頁七四七。

註四：孟子師說收入一九六九年臺北隆言出版社刊梨洲遺著彙刊下册。宗周論語學案見劉子全書，卷二十八至三十一。據劉子全書附錄年譜，宗周年五十二著大學古記約義，見全書卷三十八。大學雜言亦入此卷。年五十四著中庸首章說，收入全書卷九。年六十六著大學誠意章章句。六十八著大學參疑。

註五：孟子盡心篇第七上，第二十七章。

註六：姚名達編，劉宗周年譜，上海商務印書館一九三四年刊，頁一二五。

註七：董瑒編，劉子全書，道光二十年（一八四〇）本，卷四十，頁二十八下至二十九上。

註八：黃宗羲著，南雷集，一九一九年上海商務印書館四部叢刊本，子劉子行狀下，頁十五下。

註九：謝國楨，黃梨洲學譜，一九七一，香港崇文書局據一九五七年修訂本，頁三十七。

註一〇：見自序。

註一一：明儒學案，卷五。

註一二：學案，卷七。

註一三：學案，卷一。

註一四：四庫全書總目提要，頁一九九一。

註一五：論語，子罕第九篇，第四章。

註一六：黃梨洲文集，一九五九年中華書局刊，頁四四八，答鄆仲昇論子劉子節要書。

註一七：論語，子張第十九篇，第三章與第十二章。

註一八：黃梨洲文集，頁三八〇至三八一。

註一九：四庫全書總目提要，頁一二八六。

【原載幼獅月刊，第四十八卷，第一期（民國六十七年，一九七八，七月），頁六至八。】

論戴震緒言與孟子私淑錄之先後

戴震（字東原，一七二三—一七七七）之哲學著述有四，即原善、孟子私淑錄、緒言、與孟子字義疏證。原善本爲三章，分上中下。後伸爲三卷三十三章。此三卷已由成中英教授翻譯英文（註一）。

緒言亦分三卷，共四十八節。第一卷二十三節，第二卷十二節，第三卷十三節，收入粵雅堂叢書、中華書局刊孟子字義疏證（註二）、樸社刊戴氏三種（註三）等書。此書知者甚少，故素來研究戴氏思想，每限于原善與孟子字義疏證。

孟子私淑錄埋沒幾二百年。抗戰時期乃始重現。錢穆「記鈔本戴東原孟子私淑錄」云，「東原既成疏證，緒言、私淑錄皆其所棄，身後遂泯沒不顯。緒言獲有程易疇（名瑤田，一七二五—一八一四）影抄並得刊于伍氏粵雅堂叢書中，後世尚多知之。私淑錄則更無道者。余得此稿，已值故都淪陷，方謀脫身遠行之資。以書估索價昂，遂錄副藏行篋中，攜之入湘，遵海轉滇，頃又挾而入蜀，特爲刊出以廣其傳。庶于東原晚年學思精進轉變之跡，窺考有籍」（註四）。可見此爲東原未刊之稿。書分三卷。卷上十一節，卷中四節，卷下八節。其上中二卷，即緒言之上卷。其下卷與緒言下卷略同，而缺緒言卷中諸節。緒言與私淑錄顯然爲一文兩稿。問題在孰先孰後。

孟子字義疏證亦分三卷，共四十三節。十餘年前鄙人已將第一、二、三、十、十三、二十（均言理）、廿九（才）、卅六（仁義禮智）與四一（權）九節譯成英文（註五）。聞美國學者兩人，分別全部翻譯，一已竣事。未知實況如何。

據錢穆考據，原善三章皆癸未（一七六三）以前，大約在丁丑（一七五七）年間。原善三卷成于丙戌（一七六六），緒言俶始于己丑（一七六九）秋前，而完成于壬辰（一七七二）之菊月。孟子私淑錄大抵在丙申（一七七六）一年間。緒言改定于丙申（一七七六）冬後，丁酉（一七七七）春前，是爲孟子字義疏證（註六）。東原在二十年間，先著原善三章，嗣擴大爲三卷，又爲緒言三卷，又刪並爲孟子私淑錄三卷，又增訂爲孟子字義疏證三卷（註七）。錢氏考據精詳，幾無可辯。原善最先，疏證最後，自無可疑。其間緒言與私淑錄之先後問題，竊意尙有商量。錢氏量私淑錄之成書，當在緒言之後，疏證之前，正爲兩書中間之過渡作品。中外學者均從此說（註八）。

私淑錄與緒言先後問題之解決，當先從兩書比較着手。除上卷第一節與下卷第七節外，私淑錄各節皆見于緒言。反之，緒言四十八節之中，二十五節不見于私淑錄，計上卷第七、十二、與十七至二十三節共九節，中卷全部除第五節一段外共十二節，卷下第七、第九至十一、十三、共五節。總共二十六節。其互見于兩書者，等比如下：

其中下列各節有所更改甚多者：

緒言	私淑錄
上 1－4	上 2－5
上 5，6	上 7，8
上 8－10	上 9－11
上 11	中 1
上 13－16	中 2－5
下 1－4	下 1－4
下 5	上 6
下 6，7	下 5，6
下 8	下 8
下 12	下 9

緒言	私淑錄
上 5	上 7
上 7	上 6
上 11	下 1
上 13	下 2
上 14	下 3
下 2	下 2
下 4	下 4
下 5	下 6
下 8	下 8
下 9	下 12

今將兩書比較，不得不謂緒言爲私淑錄之改訂。換言之，東原四著之次序爲原善、私淑錄、緒言、疏證。其間實有線索可尋。茲從三面言之。

（一）字句修改，以緒言爲準確。

兩書字句不同者甚多。其中有顯然抄寫之誤者如下：

緒言		私淑錄	
緒上　二	亦非爲道器言之	淑上三	本非爲道器言之（與疏證十七仝）
緒上　九	爲此詩者（孟子告上六）	淑上十	作此詩者
	懿德（仝上）		彝德
緒上十二	今觀朱子言性	淑中二	合觀朱子言性
緒下　二	爲恍	淑下二	惟怳（老子二十一章）
	損益		益損（莊子齊物）
緒下　六	天之所就	淑下五	天之就（荀子二十二正名）
	不遺天神		不遺于神（仝前）
緒下　八	氣之精而形	淑下八	氣之精而凝
緒下十二	說所相似	淑下九	說得相似
	甚曉		甚晚
	李愿		李愿中（李侗，一〇九三——一一六三）
	法周　妙圖　休自空寂		周遍　妙圖　體自空寂

以上除私淑錄「作此詩者」、「彝德」、與「合觀」爲誤外，餘皆緒言誤而私淑錄正。然此不足爲孰先孰後之據。蓋誤之多少，不在抄寫之先後也。

又有字句不同，可爲有意改正，然亦可爲偶誤者，查有下列八項：

緒言	私淑錄
緒上　七　道恒該理氣	淑上六　道恒賅理
緒上　九　孔子曰…故有物（孟子告上六）	淑上十　孔子曰…孟子申之曰故有物
緒上十四　理氣爲性 資所以生之氣（三次）	淑中三　理義爲性 資所以養之氣（三次）
緒上十五　人物受生于天地 孔子曰…曰	淑中四　人物受形于天地 孔子曰…孟子曰
緒下　四　氣稟之性 神在氣質	淑下四　氣質之性 神在形質

此中意義上均私淑錄勝于緒言。然「該理氣」與「賅理」均可通。「理氣爲性」與「理義爲性」亦然。即缺「孟子曰」亦是行文之便，未嘗不可。若謂詞句較佳，必是後起，如「資所以養之氣」比「資所以生之氣」爲審，則私淑錄「氣質之性」固比緒言「氣稟之性」爲好，然何以同條緒言「神在氣質」又比私淑錄「神在形質」爲好耶？此條蓋言氣質，非言形質也。是以大體上似以私淑錄爲優，然不能以此便謂私淑錄爲必後也。

欲原兩書之先後，必看其確實改訂者如何。錢穆舉緒上二之「以下所稱解上」與淑下三之「以下所稱之名辨上之實」相比，指出疏證十七與私淑錄同，故知私淑錄在緒言之後。又舉緒上五「謂陰陽而精言其理」句下淑上七改更不少，而更改之語見疏證十三（註九）。此兩證甚確。然與緒下一之「有思有爲。…無思無爲」與淑下二之「有欲有爲。…無爲自然」

相較，則非以緒言比私淑錄爲後不可。蓋此節言孟荀論性及詳釋氏之以作用爲性與其「不思惡不思善」（註一〇）之說。思爲乃是主題，不應改此主題爲「欲」與「自然」也。故實改私淑錄爲緒言而非改緒言爲私淑錄。

證據之最力者爲淑下九之「四君子」于緒下十二改爲「三君子」兩次。此必非抄寫偶然之誤。東原著私淑錄時，指明道先生（程顥，一〇三二—一〇八五）、橫渠先生（張載，一〇二〇—一〇七七）、與朱子（朱熹，一一三〇—一二〇〇）爲「四君子」兩次，想因明道每與其弟程叔子（程頤，一〇三三—一一〇七）並稱程氏。本條首云「程叔子撰明道先生行狀」，並稱兄弟兩人，遂混爲四。及後改訂，以所引者實只程顥、張載、朱熹三人，故改四爲三。若謂緒言必先于私淑錄，則此處改三爲四，殊不可解。謂其特意，固是妄說。謂爲偶誤，則一而再，亦難通也。

在此切實改訂之中，緒言與私淑錄各半。然緒言所改正者爲思想與事實，似勝一籌。

（二）緒言較私淑錄爲詳。

主張私淑錄爲後以其較詳者，未嘗無據。錢穆已指出淑上六「道者事物當然之理」條爲緒言所無而其文見諸疏證三十二。又緒上二與淑上三均引鄭玄（一二七—二〇〇）箋，然私淑錄加「如千載而上，千載而下」，與疏證十七同（註一一）。此外吾人又可指出淑下七「復其初」諸語見于疏證十四而不見緒言。然比較上緒言之較詳者數倍。疏證二十一「孟子所謂善初非無差等之善，即孔子所云相近」（註一二）等語，來自緒中五。疏證廿八以孟子

「口之於味也」（註一三）一段始，與緒上十九同。疏證三十首段引孟子「乃若其情可以爲善」（註一四），亦與緒中五同。疏證六「其心之精爽，鉅細不同，如火光之照物」等語，來自緒中九。疏證十九言釋老與宋儒形氣神識之論，凡百餘字，與緒下十二全同。此五處句語，皆不見私淑錄。凡此皆言性言心之要語。斷無先于緒言言之，隨于私淑錄刪之，然後于疏證復而用之也。淑上二「在天地則氣化流行」之前，有「道之名義于行尤近」五十餘字，緒上一與疏證三二均刪去。此又疏證依緒言而不依私淑錄之一證，亦即緒言後于私淑錄之一證也。

此外緒言尚有八節見于疏證而不見于私淑錄者。疏證廿二至廿四、廿五至廿七、卅一、與卅七，幾全抄緒言中十至十二、一至三、六、與八。此中緒中八言禮，其餘皆論性。東原極力攻擊告子、荀子、揚雄、與宋儒論性，又强辨孔子與孟子言性之根本無異。此爲東原學說一重心。亦斷無先發揮于緒言，而于私淑錄除去，然後于疏證再用之理。依理而論，必是撰私淑錄時未必討論此極重要之問題，後于緒言乃加言辨，而疏證以爲定論也。

此八節皆屬緒言中卷。緒下一論荀子論性甚簡，與淑下一同。疏證二十六論荀子不取此條而取緒中二。因此處論荀子不知禮義亦出于性，即知禮義明其始于必然而不知必然乃自然之極則。此兩點不見于私淑錄而見于緒中二，故疏證二十六用之，此爲東原評荀最精之處。其論必沿自較後之書。此足徵緒言爲較後也。論告子論性亦然。淑下二告子與釋氏同論，甚簡單。緒下二亦然。疏證廿七論告子不用此而用緒中三。此處比較告子與荀子揚雄，範圍廣大，爲私淑錄所未及也。又緒上十七與淑中五言仁義禮智一段相同。但緒上十七以「仁義禮智之名義」爲題。疏證三十六不特重述其意，且亦以「仁義禮智」爲題。則又見疏證與緒言爲近矣。疏證卅一論才，全用緒中六。才之一目，私淑錄並無討論。則必緒言訂定私淑錄，而非私淑錄訂定緒言明矣。

（三）緒言較私淑錄爲精

淑中二言性條，屢言性之本體者數處，而緒上十三于此處只言性，不用「性之本體」。表面上似言性之本體爲較精明。然此節主題爲性與氣，非論本體。東原力擊宋儒之析性氣爲二，故于緒言引程顥「論氣不論性不明，論性不論氣不備」（註一五）之言以實之，而私淑錄亦無之也。緒言「所謂『在人曰性』也」（註一六）下有「宋儒剖析至此，皆根于理氣之分。以善歸理，以有惡歸形氣」二十三字，私淑錄亦無。緒言「荀揚韓皆合于孔子」下引宋儒四次而私淑錄只引一次。私淑錄「于孔子不敢顯言不明，而直斥孟子不備」之下，引朱子論孟子與荀揚論性，與陳器之（陳埴，壯年一二〇八）論孟子時諸子之言性。于緒言則移此兩引于「皆合于孔子」之下。蓋四註皆言諸子論性，故于緒言聚在一處。是則緒言較私淑錄爲精密，不待言矣。

淑上七論先有理抑先有氣，引朱子云，「皆不得而推。然以意度之，則疑此氣是依傍道理行。及此氣之聚，則理亦聚焉」（註一七）。緒上五則引朱子云，「必欲推其從來，須說先有是理」（註一八）。兩者相較，前者尙以意度之，後者則云「須說」。當然以緒言所引爲切實。此又可證緒言之比私淑錄爲進一步矣。淑上十言理之本訓，只云「因而推之，虛以明夫不易之則曰理」。緒上九則于「因而推之」下加「舉凡天地人物事爲」八字，致使理之解釋較爲明確，而于戴氏理在事情之哲學加强其力量。此語自應後加于緒言而不應隨減于私淑錄也。淑中三只舉「虎狼之父子，蜂蟻之君臣」爲理義之例。緒上十四則加上「豺狼之報本，雎鳩之有別」，不特意味較濃，且亦與緒上十三與淑中二所舉四例相同。淑中三于四例之後，有「知覺運動者，人物之生。知覺運動之所以異者，人物之殊其性」，然後引孟子曰，「心之同然者，謂理也，義也」（註一九）。緒言上十四則刪「知覺運動」等二十三字，使上文理義與孟子所言義理相貫，而思想血脈乃益通順。淑中五有論生生與條理兩段，均不見于緒上十六，似是私淑錄後來所加。然生生條理，在緒上八與十七已言之矣。此處不必重述。淑下二「飢食困眠」之下只舉老子聞道大笑（註二〇）之語，並指此即老子之致虛靜（註二一）與勤而行之（註二二）。緒下二則更舉釋氏「不思善不思惡」與「認識本來面目」（註二三），精密多矣。淑下三註王陽明「夫良知一也」（註二四）之言，實與本文論邵雍（一〇一一—一〇七七）論神論性無直接之關係，故移至緒下二。蓋此處言佛者「本來面目」，而陽明以本來面目即吾聖門所謂良知也（註二五）。反之，淑下二陽明之言格物，實與本文無關，故緒下二去之，至爲自然。緒言中間加後儒言理往往取于釋老之所謂神一段，使上下言神之處，益覺生色。

緒下五所改淑上六者甚多。即單舉其移淑上六「生于陸者入水而死」一段于緒上廿三，已見其改進之處。蓋淑上六言「以本諸身行之不可廢謂之道」，以生于陸者入水而死爲喻，未覺適合。緒上廿三則言「成之者性」，「皆指人物」，以生于陸者入水而死爲喻，乃覺適當也。淑下八末論神爲形氣之主宰一大段約二百字，說理與義。緒下八全然不取。蓋理與禮義與神爲形氣之宰之主題，相離太遠，削之宜矣。緒下十二比淑下九加朱子答何叔京（何鎬，一一二八—一一七五。緒淑均誤作京叔）兩長函作註。本文有「答何京叔二書」之語，今則引兩書作註以實之。明是私淑錄本缺于前而加入緒言于後矣。

以上所言，從字句綱目上，已可謂緒言先于私淑錄。而大體言之，則緒言實比私淑錄更爲擴大，更爲精明。觀其詳細論性，添論才與四德，增多宋儒引句與書札，多舉雎鳩人物等例證，可知之矣。大抵東原之著疏證、私淑錄緒言兩稿，隨意採用。未必細檢文句，斟酌去取。其精力當聚在思想上，而思想之精密豐富，緒言實超乎孟子私淑錄之上。孰先孰後，不亦昭然若觀乎？

註一：<u>Tai Chen's Inquiry into Goodness</u>, translated by Chung Ying Cheng, East-West Press, Honolulu, 1971.

註二：北京，一九六一，頁七九至一二八。

註三：北平，樸社，一九二四。

註四：四川省立圖書館編輯圖書集刊創刊號，一九四二年三月。轉載余英時論戴震與章學誠（香港，龍門書店，一九七六），頁二八八至二八九。私淑錄全文見同書頁二五一至二八九，又見中華書局刊孟子字義疏證，頁一二九至一五九。

註五：Wing-tsit Chan, A Source Book in Chinese Philosophy, Princeton, New Jersey, Princeton University Press, 1963, pp. 711-722.

註六：中國近三百年學術史（上海，商務印書館，一九三七）頁三二四至三三〇。

註七：同上，頁三二八至三二九。又余英時，論戴震與章學誠，頁二八八。

註八：余英時，同書，頁一七七。中華書局刊孟子字義疏證「點校說明」，頁二。David Nivison（倪德衛），一九七七年美國清代早期思想會議獻文，"Two Kinds of Naturalism: Tai Chen and Chang Hsüeh-ch'eng"（兩種自然主義：戴震與章學誠），頁六。

註九：余英時，論戴震與章學誠，頁二八四至二八五。

註一〇：語出六祖壇經行由品第一。

註一一：余著，頁二八四至二八五。

註一二：孟子告子篇第六上，第二章。論語陽貨篇第十七，第二章。

註一三：孟子告子篇第六上，第七章。

註一四：同上，第六章。

註一五：二程遺書（二程全書四部備要本），卷六，頁二。

註一六：程頤語，見二程遺書，卷十八，頁十七。
註一七：朱子語類（台北，正中書局，一九七〇年改正本），卷一，頁六八。
註一八：同上。
註一九：同上註十三。
註二〇：老子，第四十一章。
註二一：老子，第十六章。
註二二：老子，第四十一章。
註二三：同上註十。
註二四：傳習錄中，「夫良知一也」條（第一五四節）。
註二五：同上，「不思善」條（第一六二節）。

【原載大陸雜誌，第五十七卷，第三期（民國六十七年，一九七八，九月），頁一〇六至一〇九。】

評李約瑟「中國科學思想史」

李約瑟中國科學與文明第二册，名中國科學思想史，參考中日文書籍六百餘種，西文一千四百餘種，專論思想與科學發展之關係，實爲空前之作。

李氏以佛學破壞科學，儒學阻礙科學，而道教則有助於科學之發達。全書六百九十七頁，其中論佛學者，只得四十。彼以佛學之時空無邊，世界萬千，與宇宙輪轉等說（頁四一九）皆合於科學，然其空幻之說，致佛家對於人間與道德世界以外，不加研究。故謂「其因果說於科學有利而空幻說則於科學有害」（頁二）。其實佛學之科學性質尙有李氏所未提及者，如凡物皆蘊，物之實體並非一成不變之質料而乃是力，存在爲生住異滅，與其體空，時空，相空等說是也。李氏於空幻之說，言之過甚。華嚴一多相容，天台一色一香，無非中道，禪家立處皆眞，皆尙現世。可見其合於科學之部分，比空幻等非科學之部分爲多。日本信佛，並不因此而阻礙其科學之前進。歐陽竟無謂佛法包含科學（民鐸，三、二、頁五），太虛謂佛法與科學融合（法相唯識學，頁五六），非虛語也。佛敎之所以在中國未有若何實際科學貢獻者，非以其空幻之說，乃以其在中國社會所選其自以爲所應負之責任，即普渡衆生，而以其他事業爲屬於儒家之範圍也。李氏承認此點，故謂佛家只研究醫藥，而忽略其他技術上之研究（四一七）。然吾人不能否認空幻說之存在。理學家嘗力攻之。理學家每合攻二氏，但排佛尤甚。張載謂老氏「有出於無」，而佛氏則以「山河大地爲見病」（張橫渠集，二）。朱子曰：「老氏依舊有。……佛氏則以天地爲幻妄，以四大爲假合，則是全無也」。又曰：「道家說半截有，半截無（如有生於無）。……佛家之說都是無」（均朱子語類，一二六）。

吾人敢問，若佛氏空幻之說果爲阻止科學，則道家半空幻說，不亦阻止科學乎？李氏討論道家，却不談此點，而集中於道家對於自然之態度，謂「吾人要尋中國科學思想之根源，則大部分從道家着手」（五七）。李氏之討論道家與科學之關係，其透澈處，爲前所未有。彼不只以道爲自然，且以之爲「自然秩序」，其中有若干律例可見者。彼以道爲各種個別物之結構。如莊子（養生主）之庖丁解牛，李氏謂牛之生理與庖丁之技巧，無異於星辰運行之同爲自然秩序（四六），而在此秩序之中，有所必然，有如莊子（知北遊）所云，「萬物不得不昌」（頁三九）。道家之天之爲一，與天之自然說，皆爲自然科學之根本假定（四七）。其以自然爲超道德與其擯棄宇宙目的主義（四八，五五），皆符科學。無爲之說，即是無背於自然之謂（六八）。故道家典籍之側重某種科學原理，比別家典籍較多（四十）。莊子學說，與進化論及適應論甚近（七八）。科學上所常見之辯證法之破除矛盾，在道家著作中至爲明顯，莊子尤然（七七）。根於以上諸點，李氏乃謂道家對於自然之觀察與理論，至足驚人，如水之凝結稀薄，與其爲萬有萬物之本，其例證也（四十，四二）。又曰，「道家爲東亞化學、鑛學、生物學、動物學、醫藥學之始，此爲吾人所應感恩不忘者（一六一）。歷來研究道教金丹技術者頗多，然從未有確定道家之科學性質如李氏者也。然李氏之于道家科學精神，不免言過其實，如謂「觀」字乃觀鳥之飛（五六），又謂老子道德經以水、母、雌等爲道之象徵，足以表示其觀察自然之精神；蓋觀察自然，必須有如水、如母、如雌之柔靜。更謂無爲乃指以根本上合乎科學之觀察而順乎自然（五七，七一）。凡此皆無實證。道觀以美觀得名，「雚」爲諧聲，非觀鳥也。然論者每以道教爲神秘，爲靜默，爲有背科學，而李氏則引經據典，肯定道教之科學性格，厥功不朽。

李氏又謂道家科學性之一因，在其鼓吹原始朴素農民公社，意謂封建與官僚主義均與科學發達不相容，而道家皆反對之，蓋統一與平等爲科學所必需云云。究竟集體主義與科學有無關係，吾人於此不必置辯，但謂道家鼓吹此種社會，則全無實證。李氏謂「道家爲某種朴素農民公社之代言人，而同時反對貴族與商賈，此於老子第八十章「小國寡民，使有什伯之器而不用」，可見其端倪云（頁一百）。以吾人觀之，老子朴素主義誠有之，而集體主義，反貴族與反商賈則未有也。老子云，「王侯得一以爲天下貞」（三十九章），可見並不反對王侯　老子誠反對貪利，然並非鼓吹任何社會經濟制度也。李氏據侯外廬以老子之有無爲私有財產之有無（一一〇，一一三），以「朴」爲朴素集體公社之結會（一一四），解「利器」爲私產（一一三），「同塵」爲「人員爲團體而結合爲一」（一一三），「混沌」爲古代道家術語，內涵「原始封建前之集體狀態」（一一五），「饕餮」爲封建統治者用以呼喚群衆之詞（一一七）。又莊子所批評之僞知爲封建社會階級分化之僞知（八九）。凡此皆依據共產黨哲學家侯外廬。侯以馬克思主義解中國思想，絕不客觀，不足靠也。李氏又以河上公解「混」字爲統一社會（四三二）。河上公老子註只云「混，合也」，安能解作集體社會耶？且道家集體主義之說，與其個人主義，相背而馳。李氏以此矛盾爲似是而非，謂道教起源有雙重性，即神秘主義之隱士與部落魔術教士之結合是也。二者均反對貴族主，隨又反對官僚。「道家哲學越無法解放中國社會之全部，道教術士之解放個人，乃越成功」云云（一四〇）。換言之，集體主義失敗，個人主義乃代之而興。然據吾人所知，道教雙面起源之說，並非定論。李氏書頁一五與頁三三所引之隱士如論語微子篇之楚狂、長沮、桀溺、荷蓧丈人，皆非集體主義者，而乃避世以渡其個人生活而已。同時部落魔術教士之傳統，亦未必是個人主義。李氏採法國學者馬伯樂 Maspero 說，以道教乃因反對中國古代封建社會拜社稷集體宗教而起（一五六）。然張陵與其子孫張衡張魯之運動與其成立道教，皆是群衆運動。道家崇拜家庭之厨君與鄉村之土地。仙人不但去福地享其長生而亦出現人間，救苦濟貧。簡言之，道教與道家哲學兩者均有其個人主義與集體主義兩方面。

李氏道教個人主義繼集體主義之潰崩而興之說之不能成立，既如上述，然其謂個人主義爲道教之不能繼續發展科學之一因，則甚有見解。彼謂另一因素爲宗教神秘主義。吾人贊同此意，而解釋却有不同。李氏論自然神秘主義與科學之關係，甚有精彩。其結論謂道教反封建之力量不足與方興之儒教官僚制度抗衡，於是退入宗教神秘主義。此一轉變，卒令道教之自然論化爲神秘之宗教，由原始科學試驗主義降爲占算與魔術云云（一六二）。然道教之創立遠在儒家獨尊後二百年，儒家並非方興。道教在唐代地位甚高，豈不足與官僚制度抗衡？宗教神秘主義以魏伯陽與葛洪爲高峯，而自然神秘主義則以郭象爲最發達。葛郭同時，可知兩種神秘主義之並立，而非一先一後也。李氏謂道家「對于實驗方法無精確之定義，而對于自然之觀察，亦無若何條緒」，以故不能發展科學（一六一），此則可謂至言。

李氏既以封建主義與官僚主義爲道教科學失敗之原因，而又以儒教爲此兩主義之原動力，則其極力批評儒教，自在意中。李氏未嘗不以孔子爲有科學興趣者。如云孔子不語之力亂乃是自然界地震山崩等之力亂（一四）。然在李氏目中，孔子總是科學之障碍。彼云：「孔子于科學貢獻，幾等于無」（頁一）。彼承認孔門之教，人人可以自辨是非，孔子無固無必極端懷疑，遠避神怪，又主平民主義與正名。凡此皆足以鼓勵科學（八，一四）。然儒教之旨趣不離人間，故李氏謂儒家有兩趨向，一爲理性主義，一爲專意于人間生活。前者有助于科學之萌芽，後者則損害其生長（一二）。

早期儒家之無甚科學興趣，吾人不能否認。然孔子教弟子多識于鳥獸草木之名（論語，陽貨篇），大學以格物爲始教，「物格而後知至」。格物觀念，卒爲理學之基本思想。

李氏以儒學之阻碍科學，非在其缺乏科學興趣，而在其官僚主義。此論貫通全書。漢後儒者與官僚無異，自無待言。然官僚制度何以阻碍科學，則李氏並無清楚解釋。李氏謂儒者完全站在文官地位，于手工勞働者毫不表示同情（一三二）。果其然乎？在中國社會士人雖居工人之上，然工人每以其技能被稱爲師。孔子以六藝教人，射御在其中。在中國歷史與民間故事之中，往往聞有農夫漁翁實係聖賢之事，漁樵耕讀，中國畫繪雕刻，每表揚之。孔子並不輕視工人，而教人「工欲善其事，必先利其器」（論語衛靈公）。問成人，孔子曰，「若……之知……之不欲……之勇……之藝，……亦可以成人矣」（憲問篇）。然則手藝非不重要也。孟子盛贊公輸子之巧（孟子，離婁上）。孔子曰，「吾不如老農……老圃。上好禮……好信，則民莫敢不用情。焉用稼？」（論語，子路篇）。此處孔子並非輕視勞働，只側重道義而已。李氏謂于曾子「籩豆之事，則有司存」（泰伯篇）之語，可見儒者並不關心技術（頁六註）。然謂有司特能，豈非重視專技乎？西方論者每以孟子「勞心者治人，勞力者治于人」（孟子，滕文公上）爲儒家藐視勞工之證。然孟子只論分工而已。李氏以漢代儒者因其官僚主義而反對魔術教士，毋寧謂其因理性主義而反對迷信爲較合理耶？

五行家與易經同是分析自然現象，一析爲五，一析爲八。然李氏于五行家則謂其爲根本上是自然而合乎科學（二三四），並謂其科學成份爲有官僚性之儒家所拋棄（二五二），而于易經則謂其自然分類之有條理乃是對于自然現象之行政看法（三三七）。李氏所謂「易經之世界觀與官僚之社會秩序根本相容」（三三七），然則何以五行之同一觀點，又非官僚色彩？且易經並非儒家專利之經典；而亦是道家經典。然道家並無官僚氣味。

李氏謂早期與中期儒學均于科學無補，吾人大可贊同。至于理學，則李氏謂其世界觀在根本上「與科學融合」（四一二），並指出理學盛于宋，而宋代「中國科學大放異彩」（四九三）。理學家于藥草、指南針、化石、數學、地理、製圖學等均有著述（四九四）。理學之所以有科學之見者，則以其哲學基本上爲有機體主義之哲學也。李氏于此論之極力，言之成理。彼云據理學觀念，宇宙乃一機體。萬物聯繫，而每一關係必有其一定之方式。萬物依其方式在若干層次組成宇宙。其組織並非由神指點，其組織力亦不局限于某時某地，而其組織中心即機體之本身（四六五）。李氏又曰，朱子之哲學「根本上爲機體主義。……宋儒主要靠其識力，乃造與（西哲機體主義者）懷德黑 A. N. Whitehead 相同之域（四五八）。李氏屢屢指出理學與懷德黑相同之點（二九一、四五四、四六六、四七四、五六二）。又強調朱子對于德哲萊布尼茲之影響。書中「朱熹、萊布尼茲，與機體主義之哲學」一篇（四九六至五〇五），誠爲卓越無上之作。

李氏譯「理」爲「結構」organization 或「結構原則」（四七五），譯「氣」爲「亦質料亦力」matter-energy。論者嘗以理氣比柏拉圖與亞理斯多德哲學中之「形相」與「質料」。李氏擯棄此說。其言曰，「形相爲個別之因，爲機體整一與其目的之原。理亦如是。然人體之形相爲靈魂，而靈魂在中國哲學之偉大傳統中毫無地位。……且亞理斯多德之形相，實際上以實質賦之于物，而……氣則非爲理所生。理之在先，只從邏輯言之而已。……吾意以嚴格論，理非如形相之形上，而乃冥冥中之結構力，存在于自然界之各層次者也。純形相與純實際爲上帝，自理氣世界，則無主宰之可言」（四七五）。李氏之中西哲學比較研究，甚爲出色。然吾人應指出理學與懷德黑亦有所不同。懷德黑以上帝爲具象原則，亦爲非理性之研究，而理學之中，則無此上帝可言。

今請回論朱子。李氏謂朱子以世界爲一結構，而理又非亞理斯多德之形相可比，甚是。然朱子哲學中之世界不止一結構而已，蓋理亦爲形上者也。李氏過于側重理之內在性。其所以如此者，則以其忽略程頤之學也。程顥不爲形上形下之分，謂「器亦道，道亦器」（遺書，一），而程頤則謂「氣是形而下者，道是形而上者」（同上十五）。此兩趨向，朱子並有之，而程頤之趨向較强。李氏謂理「爲內在而非超越」（四七八），似是偏向程顥之說，故謂以理學言，百物均依其「自性之內在必然」而動作（五六二），而理（即形相）乃自物內而來者（五六七）。夫必然之觀念，張載言之最淸晰；謂物必有序，物無孤立之理，物不能不聚散（正蒙，二）。張子以理爲超越，可無疑義。程頤哲學之中，此觀念亦甚强烈。朱子即從張程之說。朱子謂「理氣決是二物」（朱子全書，四九），又謂「天下未有無理之氣∶亦未有無氣之理」。至于誰先誰後，則謂「有此理後方有此氣」。又謂「理本無先後之可言，然必欲推其所以來，則須說先有是理。然理又非別爲一物，即存乎是氣之中。無是氣，則是理亦無掛搭處」。又謂「要之也先有理。只不可說是今日有是理，明日却有是氣」。「理與氣本無先後之可言。但推上去時，却如理在先氣在後相似」。又曰，「合下是先有理後有氣耶？後有理先有氣耶？皆不可得而推究」（皆同上）。

由上所引，朱子似自相矛盾，或遲疑不決。其實乃努力調和二程。其本人意見，並不自相違背。在朱子思想系統之中，理非在氣之外，從外邊以存在之原則納於氣中。反之，理即是氣之存在原則。因此之故，乃爲形上。是以朱子云，「理未嘗離乎氣，然理形而上者，氣形而下者。自形而上下言，豈無先後（同上）？」朱子蓋處於唯心唯物之間，進退兩難。故如李氏所言，「顯然不肯强謂氣出於機構，亦不肯謂機構出於氣，而其超於前說者，則「大概因其並不容易以機構爲一完全離開心靈而獨立之範疇」（四八一）。以吾人猜之，李氏雖未視朱子之理氣如形相與資料之絕對分離，然仍不免如懷德黑所謂劃分自然爲二，以形上形下爲兩不相容。其實朱子以理爲亦內在，亦超越，與懷德黑「永存事物」之亦內在，亦超越（過程與實體，英文原本三五六）並無不同。

「理」字本作秩序解，程頤則解作普通原則，於是理雙重性之觀念於以成立。據阮元經籍纂詁（三十四），「理」有「治」、「正」、「分」、「義」、「性」、「條貫」、「文」等說，而以「治」、「文」、「條貫」說爲最盛。而程頤則言「不易之理」（遺書，二上）。此說至朱子而大著。

「理」字與「則」字相關甚密。詩云，「有物有則」（詩經，大雅，烝民）。程子曰，「天下物皆可以理照。有物必有則。一物須有一理」（遺書，十八）。朱子弟子陳淳云，「『則』只準則，法則，有箇確實不易底意」（性理字義，下，理字條）。在先秦經籍中，「則」或限於一事一物。李氏如此云云，實爲不誤。然在程朱則「則」爲自然之則，永恒不變，亦即超乎特殊事物之上。

理之爲普遍，又可於格物之說見之。此說於朱子思想系統中極爲甚要，而李氏只乘便提及而已（五一〇，五七八）。鄭玄以「格」爲「來」（註大學首章），司馬光解爲「扞禦外物」（致知在格物論）。「格」又可解爲「正」，即論語爲政篇之「有耻且格」與孟子離婁上之「惟大人爲能格君心之非」是也。玉篇卷十二解「格」爲「式、量、度、至、來」。以上皆作倫理觀念解，且皆指不靠外助而能致知。至於程朱則另作新解。彼等固以「格」爲「至」，然所謂至乃「即物以窮其理」之義。程子云，「格，至也，如『祖考來格』之格。凡一物上有一理，須是窮致其理」（遺書，十八）。朱子發揮言之，曰，「所謂致知在格物者，言欲致吾之知，在即物而窮其理也。……天下之物，莫不有理……學者……因其已知之理而益窮之，以求至乎其極。至於用力之久，而一旦豁然貫通焉」（大學，五章補傳）。此傳甚爲重要。蓋謂無物非理，無處非理。程子云，「所務於窮理者，難道須窮了天下萬物之理，又不道是窮得一理便到。只是要積累多後，自然見去」（遺書，二上）。又曰，「一物之理即萬物之理」，「理則天下只是一箇理，故推至四海而準」（均仝上）。以後陸象山亦云，「百世之上……之下，有聖人出焉，此心同也，此理同也」（象山全集，二十二）。

理可作自然律解否？若可作如是解，則於我國科學之發展爲有助耶？爲有碍耶？我國古典哲學自然主義甚强，懷疑主義傳統亦甚專邁。（李氏頁三六五至三六九述之詳盡）。煉金歷數百年。技術之發展與科學之發見又遠出乎一般人意料之外。且理學與近代根本和諧。然而我國竟不能發展近代科學。此事實令人駭異萬分。有謂科學以確實與權力爲目標，而中國人則重享樂與克己，故不重權力，亦不重科學之確實者（馮友蘭，中國哲學史補，英文部頁三十七）。有謂中國人不喜科學所必需之分析與愚笨之苦役，而重常識與識見之光芒者（林語堂，我國我民，英文原本八六）。更有謂中國人之所以未能發展科學，以其避免極端，不肯死力窮追某一科目，以超自然界作自然界看。又不重理論，故不能視自然界爲原子所組成者（徐爙光，美國人與中國人，英文原本三七二至三七五）。然此問題非從哲學上求答案不可。美國諾修普 F. S. C. Northrop 教授有一新說。彼稱以直接知覺，從物之美學成份，而得其全體意義者爲「直覺觀念」，稱不以直接觀察，而從知識之理論成份以演繹而成之學說，而得物之全體或其一部之意義爲「設準觀念」（東西之會，原英文本四四七）。彼以東方文化基於直覺觀念，而西方文化則基乎設準觀念。李氏釋之，謂大意以「希臘人展開以設準與科學假設而知自然之方法，而中國則有史以來只以直接察視與美觀直覺以臨乎自然」（五七九）。李氏不採此說，謂其與諾修普本人書中所舉事實完全不符。李氏云，「蘇格拉前與其他希臘學派，可許其有原始科學假設之地位，而陰陽五行學說，則不許其有同等地位，實無充足理由」（五七九）。李氏本人之答案，則謂「在歐洲自然律有普遍性，故能助自然科學之生長，而中國則從未以自然律爲律例，而以社會名詞以稱自然律爲禮，故律例於人間世外，難生效力」（五七九）。李氏以禮爲自然律（五二一），因其不施用於人間世以外，所以不能助科學之生長，而在歐洲則自然律施行於自然界，故能助科學之生長」（五四一，五四八）。又謂禮之內容全是社會性與倫理性，甚少以正式法律詞語發表，故無影響自然界之可能（五八二）。簡言之，禮無普遍性。

禮果可解作自然律耶？吾人以爲不可。禮不限于人間世，而同時又不施于社會全面。李氏以「禮本于天」爲例外思想（五四八）。然禮記云，「禮者天地之序也」（樂記），可知禮不限于人間。禮又不下于庶人，可知禮不施于社會全體。是以胡適不以禮爲自然律。胡氏以中國四大觀念，足與西方自然律相當。一爲老子之道，一爲墨子之天志，一爲載道之經，一爲理，亦即天理。（中國傳統中之自然律，在聖母大學自然律學社會議記錄第五卷頁一一九至一五三，英文本）。其所謂自然律者，即近代之所謂公共之善與公共之理。「理」字本指正其彊界，玉之文縷，物之肌腠，因而有形式與物性之義，轉而爲物之理由與律例。韓非子謂「道者萬物之所然也，萬理之所以稽也」（解老篇）。似是道爲普通原則而理則爲個別事物之律。然胡氏謂「道」「理」二字實可相通。孟子曰，「心之同然者何也？謂理也義也」（告子上）。故胡氏以理爲普通眞理，亦即自然律。李氏知有胡氏之文，但未過目（五四四）。李氏不以理爲自然律，而以之爲秩序或方式，因而無普通律之義（五七二）。彼云，「理雖有律之涵義，但此律乃物之各部，以其爲全體之一部所必須遵守者」（五六七）。如前所述，李氏以在理學思想中，必然性乃由內部產生。因此理學之律應作懷德黑機構主義意義解，而「理」不可解爲普通之律（頁五七三）。

李氏之以理不可解作普通律者，只引古籍若干語爲據。即其解釋朱子，亦太側重理之個別性。李氏只述朱子「事事物物各有其理」之語（五四二）。然朱子即繼續言曰，「到得合而言之，則天即理也，命即性也，性即理也」。換言之，理爲普遍。其在特殊事物，可稱爲「則」。吾人前已指出程子以則爲不易之原理。李氏于此未及注意，因而于朱子理爲普通律之說，未能了解。由朱子格物論觀之，理爲普通律，可無疑矣。

李氏謂理無刑律之義，亦無精密方式，因而不能有助于科學之生長（五五八，五七九）。此則吾人不能不予贊同。彼謂歐洲法律有精密方式，故能助科學律之發展（五七九），而在中國則理與刑律均乏精密方式，因而精密之自然律亦無由發達。然李氏又謂中國無一字可作自然律解者（五七三，五七九），此則未必。上文已指出程頤之「則」涵有萬物定律之義，又已指出張載各物必有其序，無一物相肖，物不孤立，物不能不聚散，馮友蘭稱此等爲規律（中國哲學史，八五五）。李氏似未留意馮氏之作，故論「律」字時並不提及（五五〇至五五二）。然以李氏觀之，此爲原則而非精密方式之律。

中國從未發展精密方式之自然律，無可否認。然是否如李氏所云，其故一部分在中國不重法律，則未敢決。究竟法律與科學確有必然之關係否？李氏謂歐洲自然律之觀念乃由資本主義產生。此爲有趣之假設，然亦不外一假設而已。

李氏又一假設，謂歐洲之法律鼓勵科學，「以其有天上之操縱萬物之立法者與地上之立法者相應」之觀念（五七九）。李氏又以歐洲信上帝爲親自立法之神，故產生科學，而中國人不信人格神，故無親自立法者，從而自然律例之觀念不能演進（五一八，五六二，五六七，五八二）。此說頗動觀聽。然歐洲科學之興，是否果由其信人格神耶？即使有之，則中國亦必須信人格神乃能發展科學乎？李氏謂牛敦等科學家信自然律例爲超人，超理性之神之命令（五六四），然則在別種宗教傳統下之科學家亦必須有同一信仰耶？且歐人信人格神已二千年，何以科學至近代乃能發達耶？

李氏謂中國人以論理爲先務之急，以倫理爲主，物質爲賓，不出乎經驗層次，因而科學不能發達（四五三，四五四，五二七，五七九），則爲確論。李氏復謂此等宇宙與倫理合一，不能激起任何自然律之觀念（五二八）。彼以「天德」一詞無科學意味，而乃施于人事人世者（五四七），因其以人及事務爲先急，故格物雖亦格天下之物，仍于科學無補。朱子格物以人爲前提，物爲次要（五一〇）。李氏如是云云，均爲切當。程子云：「窮理亦多端，或讀書講明義理，或論古今人物，別其是非，或應接事物而處其當，皆窮理也」（遺書十八）。朱子蓋依從程子之說。

理學家于科學方面尚有一缺點爲李氏所未及言者，胡適之說是也。胡氏謂理學家之方法爲觀察與反思，有科學精神而無科學方法。我國無希臘與中世紀醫師所遺下于歐洲之科學傳統，故理學家所遇之阻碍甚大。結果乃以格物爲明善惡，爲應接事物。王陽明反抗程朱，又以理不在物而在心。然程朱學統不衰，至清代成爲批評考據之科學學術，如顧炎武之音學，閻若璩之考據是也。顧氏舉一百六十據以證一字之古音。如此精神與方法，誠是驚人。然正當歐洲學者着力于自然現象之時，彼等乃埋頭于典籍文字。所幸此科學精神不死，故現代中國在世界科學急流之中，不至倉惶失措，而在二十世紀數十年間，于自然科學能有重要之進步（英文，中國之文藝復興，六四至七四）。

胡氏之解釋，于歷史與事實極相符合。李氏亦云，「中國科學之歧途，乃由其未從陰陽等學說，造出方式，使其足以協助實際知識之生長，尤其是不以數學施于自然現象，以成立其整齊之方式。換言之，中國無文藝復興以喚醒其「經驗世界中之長夢」。此種情形，則中國社會經濟制度之特質，不能不大負其責（五七九）。此等情形為何，李氏將于中國科學與文明第七冊「社會狀況」評之。吾等竚望此書之成。

註：此文原為英文，以「理學與中國科學思想」為題，登于英文「中西哲學」季刊六卷四期（一九五七，正月）。今譯其意。原註共八十一，今只摘要而已。

【原載東方雜誌，復刊第三卷，第十二期（民國五十九年，一九七〇，六月），頁一至六。】

廣東開平陳榮捷先生年譜

江蘇陳廣湘澄之輯

中國旅美學者群中，久仰開平陳先生名。丙午夏拜識先生於達慕思 Dartmouth 學院，時親教益，其淵博其朗達，敬與佩并；其道德其文章，將垂不朽。細讀先生生平著述，嘗有所惕所慕。遂搜集先生散見中外筆墨，重加輯錄而成哲學論文集，用傳來茲。年來多承訓我誨我，稍悉先生往事，出身清寒，澹泊不苟。治學嚴謹，處世謙和，誠不愧當代大儒也。謹就所知所聞，輯先生年譜。非敢尚友前輩，聊寄景行之私而已。

歲在戊申仲春後學陳廣湘澄之於美國達慕思學院

廣東開平縣海心洲聚族而居，其中三江鄉陳姓非不顯於鄉，但世代誠樸勤懇，忠厚成家。傳至修顯公，理髮師，先生之祖也。　考斗南公，諱學寅，字揚鋐，生於清咸豐甲寅（一八五四）。幼習藝，業木工。少有大志，志在四方。初走香港，旋赴曼谷，終於清光緒辛巳（一八八一）渡美。先後在俄亥俄州 Ravemma 鎮及 Akron 市創設洗衣舘。克勤克儉，立業成家。每四年返國省親一次。妣李太夫人，閨名四足，附近李族冲澄人。　先生長兄榮祖，字允雄，隨父在美，服務餐舘洗衣舘垂二十稔。長姊遇寶適吳。二姊有寶適譚。

一九〇一年八月十八日（清光緒廿七年辛丑七月初五日寅時）先生於廣東開平三江鄉南溟里，名榮捷。

一九〇二年（清光緒廿八年　壬寅）一歲　以下一律按實際年齡計。

一九〇三年（清光緒廿九年　癸卯）二歲

一九〇四年（清光緒三十年　甲辰）三歲

一九〇五年（清光緒卅一年　乙巳）四歲

一九〇六年（清光緒卅二年　丙午）五歲　入南溟里私塾開蒙識字，讀「三字經」、「千字文」

一九〇七年（清光緒卅三年　丁未）六歲

一九〇八年（清光緒卅四年　戊申）七歲

一九〇九年（清宣統元年　己酉）八歲

一九一〇年（清宣統二年　庚戌）九歲

一九一一年（清宣統三年　辛丑）十歲

一九一二年（民國元年　壬子）十一歲　鄉塾六年來熟讀「神童詩」、「四書」、「幼學瓊林」、「詩經」、「書經」。是年進入三江鄉立大舘，講解四書五經、「古文評註」、與「東萊博議」，對字聯句，習作詩文，時蒙舘師嘉勵。舘師之子肄業廣州新式學堂，假期來鄉省親時，每與先生談新時代新科學新事物。求新知識之心躍然，探理志趣奮發。斗南公是年由美洲退休回鄉，力求改進生活方式，如添闢窗牖流通空氣，置抽水機以重衞生，並創闢新村名之曰寶源坊。

一九一三年（民國二年　癸丑）十二歲

一九一四年（民國三年　甲寅）十三歲

一九一五年（民國四年　乙卯）十四歲　附讀於本縣長沙墟譚族設立之譚氏學堂，習數理史地等科。譚氏學堂學生約百餘名，全屬開平各地譚姓子弟；外姓附讀者奇少，當時有余姓者四人，陳姓者僅先生一人而已。

一九一六年（民國五年　丙辰）十五歲　孟春赴香港，寓金山莊，考入拔萃書院（Diocesan School）。上午修英文，下午習中文。英文師質教材教學管理均屬上乘，中文則近乎點綴。既不符理想，且水準低下。先生以是頗爲不安。　斗南公在美即耳廣州美國各教會聯合設立之嶺南學堂（Canton Christian College，一九二七年後改稱嶺南大學，現稱中山大學），以管教並重聞於世。諭先生於招生時前往投考。先生中文素有根基，每於上中文課時潛赴荷李活道各書店，趄立其間，披讀必修之書，準備應考。六月，嶺南學堂在港招收小學第七年級學生。先生前往應試，數學地理均不及格，惟以國文成績卓越超群，特准先入暑期小學六年級，學行俱佳。九月，赴廣州河南康樂嶺南學堂暑期班。秋季升入小學七年級。

一九一七年（民國六年　丁巳）十六歲　春季升入嶺南中學一年級。

一九一八年（民國七年　戊午）十七歲　先生苦讀之暇，正視世界大勢。

一九一九年（民國八年　己未）十八歲　先生參加廣州學生五四運動。愛國本乎至誠，勤學以求至道。

一九二〇年（民國九年　庚申）十九歲　先生代表嶺南參加廣州學生聯合會。旋被選爲該會部長，率領各校青年同學巡行各地。深入民間發表演講，啓迪民智，熟悉民情。

一九二一年（民國十年　辛酉）二十歲　升入嶺南大學一年級。博覽强記，求眞探止。師長重之，同學敬之。除繼續努力文化運動外，並服務工人夜校，爲副校長。立己立人，儒家風度。是年代表嶺南出席在北京舉行之「世界基督教學生聯盟會議」。

一九二二年（民國十一年　壬戌）廿一歲　與嶺南大學同學陳受頤、梁宗岱、草野三平等十餘人創立「中國文學研究會廣州分會」，以響應全國新文學運動，並出版「文學旬刊」，數期而止。此爲先生立言之始。

一九二三年（民國十二年　癸亥）廿二歲　與廣東高等師範（廣東之中山大學前身）等校學生李樸生、崔載陽等二十餘人，創組「人社」，研究人生現實與理論問題。先生與諸君子皆南國之彥，極一時文章交游之盛。

一九二四年（民國十三年　甲子）廿三歲　六月，嶺南大學畢業，授文學士學位。八月與嶺南級友李蕙馨女士結伴渡美留學。李女士就波士頓新英倫音樂學院習鋼琴。先生入哈佛大學選修英國文學、文學批評等。

一九二五年（民國十四年　乙丑）廿四歲　改入哈佛哲學系，主修美學與西洋哲學。費用半由當時在 Akron, Ohio 經營餐舘之叔父揚錫與長兄允雄資助，半由先生在週末及假期中服務於餐舘、圖書舘，辛苦得來。當時對外國學生無有助學金或奬學金之設置也。

一九二六年（民國十五年　丙寅）廿五歲　半工半讀，並參加哈佛大學學生歌詠團（Glee Club）。

一九二七年（民國十六年　丁卯）廿六歲　獲哈佛大學碩士學位後，停學一年。以全部時間在波士頓華人餐舘服務，準備繼續考讀博士。

一九二八年（民國十七年　戊辰）廿七歲　九月一日與李蕙馨女士在哈佛Norton 教授宅邸中舉行基督教儀式結婚大典。蕙馨夫人，廣東佛山桂園人。幼年入廣州基督教眞光小學。旋轉入嶺南小學。自一九一八年秋嶺南中學實行男女合校，始識先生。先生婚後仍在哈佛繼續學業。

一九二九年（民國十八年　己巳）廿八歲　六月以「莊子哲學」（The Philosophy of Chuang Tzu）論文參與筆試口試，深獲嘉許，榮獲哈佛大學哲學博士學位。夫人蕙馨同時畢業於音樂學院。夫婦雙慶，傳爲佳話。先生伉儷學成歸國。道經歐洲，在日內瓦應邀參加「世界教育會議」中國代表團。　九月，應母校嶺南大學聘，出任秘書兼哲學教授。以先生文采風誼，精明能幹，僉以爲得人。旋即升爲教務秘書。

一九三〇年（民國十九年　庚午）廿九歲　出任嶺南大學教務長。先生處同事以氣節文章相砥礪，對後生以立德立言相敦勉。平居澹泊，不慕名利。夫人蕙馨教授鋼琴，並兼教中山大學英文。

一九三一年（民國二十年　辛未）三十歲　十月二十三日長女芝源（Jean）生。

一九三二年（民國廿一年　壬申）卅一歲　十二月一日長子璋源生。璋源通常稱Lo-Yi，中文報紙譯作「樂怡」。

一九三三年（民國廿二年　癸酉）卅二歲　出任「中國基督教高等教育評議會」主席，任期一年。

一九三四年（民國廿三年　甲戌）卅三歲　代表南中國出席在馬尼剌舉行之「遠東高等教育會議」。

出任廣東省文官考試委員會委員。　遭母喪，李太夫人享壽六十有六。

一九三五年（民國廿四年　乙亥）卅四歲　秋季應夏威夷大學敦聘，前往講授中國哲學一學期。

一九三六年（民國廿五年　丙子）卅五歲　六月出席夏威夷大學與耶魯大學聯合主辦在檀香山舉行之「太平洋教育會議」。　八月以中國代表身份隨同中國代表團參加在美國加州 Ycsemite 名勝區舉行之「太平洋國際關係會議」。　九月出任夏威夷大學訪問教授。

一九三七年（民國廿六年　丁丑）卅六歲　改任夏威夷大學中國哲學教授。

一九三八年（民國廿七年　戊寅）卅七歲　先生教學之餘，以讀書養志爲懷，士林仰重。

一九三九年（民國廿八年　己卯）卅八歲　與哲學界知名之士三五人創設「東西哲學家會議」（East-West Philosophers Conference）。是年夏舉行第一次會議。先生所獻「中國哲學故事」與「中國哲學之精神」，均採入會議論文集，並有中文譯本。

一九四〇年（民國廿九年　庚辰）卅九歲　兼任夏威夷大學哲學系主任，任期兩年。

一九四一年（民國三十年　辛巳）四十歲　遭父喪。以戰火瀰漫未克奔喪，抱恨終大。斗南府君享壽八十有七。

一九四二年（民國卅一年　壬午）四十一歲　太平洋戰爭緊急，夏威夷大學，暫時停辦。先生亟欲東歸報國。無奈舉地烽火，交通梗阻，聯繫散失。遂應美國 New Hampshire 州常春藤盟校（Ivy League）之一，達慕思學院之殷切邀請，出任中國文化哲學教授。當時中國學者在美國學府擔任中國文化科目教授者寥寥無幾。達慕思學院因先生之應聘可謂得人，而先生亦由是得將中國文化、思想、學術有系統地介紹於西方。此學院有工科、商科、醫科三學院，並頒碩士博士學位，實是大學。哈佛、普林斯敦、哥倫比亞等常春藤盟校原皆稱學院，旋改稱大學。達慕思守舊，研究院亦發展有限，故仍稱學院。

一九四三年（民國卅二年　癸未）四十二歲　正月被邀康乃爾大學作 Smith 講座演講，講「儒家與民主主義」。　四月二十八日次子琨源（Gordon）生。　六月先生接受達慕思學院頒贈之榮譽碩士學位。先是第一次世界大戰結束後，達慕思當局深以爲美國學生對中國及印度文化宜有所悉，乃特聘教授二人專授中印文化，垂二十餘年始終無間，創美國大學長期研究東方文化之先聲。主持中國文化講座者乃大衞・拉鐵摩爾（David Lattinmore, Owen Lattinmore 之父）。拉氏出任天津北洋大學教授，乃當時任中國工程師而在後被選爲美國總統胡佛（Herbert Hoover）所薦。一九四三年自達慕思退休，先生繼之而來。拉氏謂先生恕厚誠樸眞君子也。先生嘗謂拉氏楷書頗有帖意，爲當時難得之中國專家也。

一九四四年（民國卅三年　甲申）四十三歲　先生教學之餘，勤於著述。　二三月承「聯合國會社」主席賽珍珠（Pearl Buck）女士之約，爲聯合國往美國東南諸州作巡遊演講。　四月在美國海軍大學演講，前後五年。先是胡適博士在此演講若干年，至是薦先生代替也。　九月出席在紐約舉行之「科學、哲學、宗教會議」（Congress on Science, Philosophy, and Religion），獻文爲「日本佛教與世界和平」，採入會議論文集刊行。

一九四五年（民國卅四年　乙酉）四十四歲　夫人蕙馨女士，鋼琴家也。全家蒙其薰陶，音樂氣氛濃烈。子女品德清雅，陶情悅性，猶其餘事。　先生再出席「科學、哲學、宗教會議」，獻文爲「四海一家，皆兄弟也」，採入會議論文集。

一九四六年（民國卅五年　丙戌）四十五歲　戰時美國管制工業生產。先生平日生活樸素。出門無車，不以爲苦。

一九四七年（民國卅六年　丁亥）四十六歲　經常應各州各學府之請，演講中國抗日建國實況。　是夏回夏威夷大學掌教夏令。以後一九四九，一九五九，一九六〇，一九六一，一九六二，一九六四，先後七次。

一九四八年（民國卅七年　戊子）四十七歲　二月在衞斯禮學院（Wellesley College）作「宋美齡講座」演講。三月在哥倫比亞大學世界宗教科講中國宗教。如是三年。是夏掌教密歇根州立大學夏令。先生是年榮獲Guggenheim Fellowship，斯項獎學金乃第一次授予中國學人。與先生同時獲獎之另一位中國學人爲生物學家李卓皓。循例休假一年。秋季重返祖國。遍訪戰後各地，作學術上之研究。

一九四九年（民國卅八年　己丑）四十八歲　應「美國學術團體聯合會」（American Council of Learned Societies）之邀，擔任宗教歷史巡迴演講。曾在哥倫比亞、康乃爾、芝加哥、多倫多等大學講授中國宗教。演詞六篇，旋由哥倫比亞大學出版部刊爲Religious Trends in Modern China（現代中國宗教之趨勢）。儒教章詳述熊十力。西方提及熊氏者，此爲第一次。六月參加「東西哲學家第二次會議」，獻文「中國哲學之綜合性」，發表于會議論文集及另一選集。

一九五〇年（民國卅九年　庚寅）四十九歲　先生對中國哲學思想研究有獨特心得。權威學術雜誌，紛紛求稿。由本年起任「美國學術團體聯合會中國思想委員會」委員三年。本年至一九六七年任「東西哲學」（Philosophy East and West）期刊編輯團員之一；一九六七年以後迄今任編輯顧問。四月被邀登Wesleyan 大學Maehette 講座，講中國哲學凡三。　六月承「美國朋友會」（American Friends）之宗教團體召，赴美國西南及西岸演講四星期。

一九五一年（民國四十年　辛卯）五十歲　榮任達慕思學院文科主任，任期四年。該大學文科（相當於中國學制之文學院）下設九系之多。中國學者在美國著名高等學府中擔任首長者似自先生始。

一九五二年（民國四十一年　壬辰）五十一歲　達慕思學院文科在先生主持策劃下良多新猷。是夏暑期在紐約州立大學Oneonta學院任教。

一九五三年（民國四十二年　癸巳）五十二歲　長女芝源由Barnard女子學院畢業，得領獎學金赴嘉州州立大學研究院修業。旋獲Fulbright獎學金，赴英國深造一年。

一九五四年（民國四十三年　甲午）五十三歲　長男璋源畢業達慕思學院，報効美國陸軍服務兩年。　先生暑期再掌教于Oneonta學院。

一九五五年（民國四十四年　乙未）五十四歲　始任「清華學報」諮詢編輯。　循例休假一年。榮獲「羅基斐洛基金會」（Rockefeller Foundation）獎學金。八九兩月赴印度各地考察民間宗教生活，講學于印度西部之Jodhpur大學與東部泰哥兒在和平之鄉所設之國際大學。並在印度京都得副總統Radhakrishnan召見茶話。彼在牛津大學任教時年六十，世界學者爲文祝壽，印刊成帙。先生亦被邀撰寫一篇，故有此緣也。旋赴香港日本研究。

先生精心著作「中國哲學歷史圖」出版。所著「現代中國宗教之趨勢」有德文、日文、及西班牙文譯本印行。

一九五六年（民國四十五年　丙申）五十五歲　先生五十以後勤於立言，著述等身。

一九五七年（民國四十六年　丁酉）五十六歲　先生私生活樸實且有規律。達慕思學院上下無不仰欽。　九月一日長男璋源與僑領伍匡亞次女Millard結婚。Millard原習提琴，現任紐約「中國協會」（China Institute）中國烹飪教師。　先生是月參加Joseph Kitagawa博士主辦之致敬禪學權威鈴木大拙博士「世界宗教趨勢討論會」，獻文「現代中國哲學與宗教之趨勢」，採入會議論文集。　十一月出席在三藩市舉行之第六次「聯合國學術會議」，獻文爲「從哲學與宗教了解中國」。

一九五八年（民國四十七年　戊戌）五十七歲　先生生平不烟不酒，但無一日不讀書，涉獵廣博，隨讀隨記。　三月三十日長女芝源與 Emery Thomas 博士成婚。Emery 現任加州大學正校數學教授。芝源初教授鋼琴，旋任加州大學磁陶美術講師。　先生九月在哥倫比亞大學擧行而爲狄培瑞（Wm. Theodore de Bary）博士主辦之「世界名著會議」，宣讀論文「蓮華經」。旋採入會議論文集。　十二月長男孫東明（Christopher）生。

一九五九年（民國四十八年　己亥）五十八歲　榮獲「美國學術團體聯合會」獎學金。「中國哲學大綱與附注書目」出版。　韓國國立高麗大學聘先生爲「亞洲研究中心」名譽會員。

四月出席 H.G.Creel 博士主持在芝加哥擧行之「亞洲學與文理教育會議」，獻文「中國哲學之文理思想」。會議論文刊印成書。　六月長男畢業哈佛大學建築研究科，領碩士銜，並獲獎學金往日本及歐洲考察。回美後在紐約市任建築師。　先生是月出席「東西哲學家第三次會議」，並任執行委員。獻文「中國人文主義之理論與實施」，編入兩論文集。

一九六〇年（民國四十九年　庚子）五十九歲　先生被歐美學術界譽爲介紹東方哲學文化思

想至西方最爲完備週詳之中國大儒。　此後六年爲「大英百科全書」撰「中國哲學」長篇及儒家、道家理學等篇。其他百科全書中國哲學諸篇，幾全由先生執筆。

九月十日外長女孫 Jenny Thomas 生。

一九六一年（民國五十年　辛丑）六十歲　欣逢花甲之慶則更誨人不倦，律身嚴謹。

二月十九日次男孫光明（Leighton）生。

一九六二年（民國五十一年　壬寅）六十一歲　開始勤譯中國主要哲學典籍。　兼任士密斯學院（Smith College）訪問教授。　是年及下年並任濱州六大學中國研究聯合計劃之指導。

一九六三年（民國五十二年　癸卯）六十二歲　是年任紐約州教育廳中國哲學與宗教諮詢委員，編輯中國哲學宗教詳註書目，爲期四年。　應法國學術界邀請參加「宋學研究」。

六月循例休假一年。榮獲「羅基斐洛基金會」、「美國社會科學研究評議會」（Social Science Research Council）、與「美國哲學會」（American Philosophical Society）獎學金，重赴日本、台灣、香港研究。　九月十七日外次女孫 Valerie 生。

十二月在香港「白沙學會」演說「白沙之動的哲學」。演詞刊出後，經台北刊物轉載數次。香港大學「東方研究社」、「新亞書院研究社」、崇基書院「遠東研究社」，分別聘先生爲名譽社員。

英譯「傳習錄」（Instructions for Practical Living）、「老子」（The Way of Lao Tzu）、「六祖壇經」（The Platform Scripture）、「中國哲學資料書」（A Source Book in Chinese Philosophy），先後由各大學出版部印行。「資料書」凡四十四章，八百五十六頁，約四十五萬字。內佛家哲學七章，宋明清理學十三章。有詞必釋，有名必究，有題必譯，有引句必溯其源。故附註在三千以上。爲譯事樹立標準，至今尚鮮有能到達者。又于重要觀念文句譯詞下，附加或長或短之評論，以示其意義及其在中國哲學史上之地位。二十年來，爲歐、美、日本、香港、以至大陸研究中國哲學之基本參考書。台北複印兩次。先生原欲譯書名爲「中國哲學諸源」，以示各家之源流。然書評家皆用今名，則亦沿之。

同一年內榮獲三種獎學金，著述譯書四種同時出版，士林引爲美談。

一九六四年（民國五十三年　甲辰）六十三歲　七月出席「東西哲學家第四次會議」，並任該會執行委員。獻文爲「中國哲學中之個人」，登載兩論文集。　十一月在達慕思學院召開「亞洲研究與比較學會議」，集合東方學專家二十餘人討論兩日。

自此年後，任「美國學術團體聯合會」之「中國思想與宗教委員會」委員，　並任美國

「亞洲學會」（Association for Asian Studies）董事，爲期三年。本年開始被邀參加哥倫比亞大學教授之「亞洲思想與宗教討論會」。

一九六五年（民國五十四年 乙巳）六十四歲 達慕思學院敦請先生兼任「比較研究中心」協理主任，並接受哥倫比亞大學中國思想訪問教授之聘。 十月長女孫Leicia生。

一九六六年（民國五十五年 丙午）六十五歲 正月往Miami大學商議該大學中國研究之學科與程序。 五月出席「世界宗教研究會議」，獻文「中國對于宗教多元論之貢獻」，文已發表。 六月出席「美國學術團體聯合會」召開而由狄培瑞教授主辦之「明代思想國際會議」于伊利諾大學。獻文「明初程朱學派」，會議論文集主編狄培瑞博士以此書題獻先生。 八月按照達慕思學院制度退休，承學院贈與中國哲學文化榮譽教授。 九月應賓州匹茲堡市徹談慕（Chatham）女子學院敦聘出任Anna R. A. Gillespie講座教授，任期五年。仍兼哥倫比亞大學教職。數處大學欲聘先生。然先生以此學院絕無行政責任，而風氣自由，且校園幽靜清美，酷似先生素所享樂之嶺南與達慕思，故樂就之。 是年被「哲學百科全書」聘爲中國哲學主編。此百科全書凡八巨册，將爲此後五十年之主要哲學全書。先生以中國哲學已佔得世界地位，乃請留美中國學者多人供稿，而自任中國哲學主編。

一九六七年（民國五十六年　丁未）六十六歲　本年開始任「東西哲學」季刊之顧問。夏間應 Aspen Institute 爲駐院學者（Scholar-in-Residence）。　九月台北「中華學術院」聘先生爲「哲士」。英譯「近思錄」（Reflections on Things at Hand）及所編「一九四九至一九六三年之中國哲學」（Chinese Philosophy, 1946-1963）先後出版。

一九六八年（民國五十七年　戊申）六十七歲　香港中文大學延先生爲聘任哲學師資評議員（assesor），服務十年。

一九六九年（民國五十八年　己酉）六十八歲　五月赴香港擔任香港中文大學哲學校外考試委員，連續三年。　澄之所編「陳榮捷哲學論文集」同時在香港與美國出版。

一九七〇年（民國五十九年　庚戌）六十九歲　九月出席「美國學術團體聯合會」召開而由狄培瑞博士主理在意大利 Como 湖畔舉行之「十七世紀中國思想國際會議」，獻文「『性理精義』與十七世紀之程朱學派」，刊入會議論文集。

一九七一年（民國六十年　辛亥）七十歲　徹談慕女子學院五年任滿，以後改無定期。

本年兼任西茲堡大學與西茲堡神學院合辦之「中國宗教思想研究組」一年。又兼紐約市聖若望（St. John's）大學中國哲學訪問教授，每季六講，連續六年。

謝扶雅教授著「南華小住山房文集」六輯。第一輯卷首云，「本輯敬獻陳榮捷博士，我之哈佛同學，嶺南同事，哲學同行，中西文化溝通的同道」。

一九七二年（民國六十一年　壬子）七十一歲　開始紐約州教育廳中國哲學宗教計劃，編大學教材，至一九七七年止。　六月出席夏威夷大學哲學系召開之「王陽明學國際比較討論會」，獻文「湛若水對于王陽明之影響」，發表于「東西哲學」會議論文專號。

一九七三年（民國六十二年　癸丑）七十二歲　七月赴巴黎參加「世界東方學專家會議」（International Congress of Orientalists），宣讀「朱子對老子之評價」，會議撮要刊行。　是年兼西茲堡大學訪問教授，講授宋代理學。

一九七四年（民國六十三年　甲寅）七十三歲　先生與各大學同仁約四十八人創立「美國宗教學會」（American Society for the Study of Religion）。　六月出席「美國學術團體聯合會」在檀香山召開而由狄培瑞博士主辦之「中日儒家實學思想國際會議」，擔任主席與評議。

一九七五年（民國六十四年　乙卯）七十四歲　三月承「比較文化研究國際學會」（International Society for the Comparative Study of Civilizations）延請爲是年年會之「榮譽講員」（honorary speaker），講「中國三教合一之哲學意義」，印出會刊。九月重任哥倫比亞大學中國思想訪問教授，與狄培瑞教授共同講授理學，以至現在未休。以後四年並兼「美國東部理學研究組」（Regional Seminar on Neo-Confucianism）主席。此組集合美東各大學教授宋明思想或有關之科目者於哥倫比亞大學，每月一次，獻文討論。

一九七六年（民國六十五年　丙辰）七十五歲　八月參加 Benjamin Schwartz 與 Henry Rosemont 兩教授在吟佛大學舉行之「中國先秦哲學工作組」，獻文「馬王堆出現之『老子』」。十月被選爲「比較文化研究國際學會」名譽會員，並出席該學會在耶魯大學舉行之「中西文化溝通討論會」。

一九七七年（民國六十六年　丁巳）七十六歲　六月出席在加州舉行「美國學術團體聯合會」召開而由杜維明博士主辦之「清代思想國際會議」，獻文「十八世紀之理學與戴震之哲學」。已發表于大陸雜誌。會議論文集在編輯中。在美教學研究至今已四十年。爲七絕四首以誌之。詩云，㈠海外教研四秩忙，攀纏牆外望升堂。寫作唱傳寧少睡，夢也周程朱陸王。㈡ 廿載孤鳴沙漠中，誰知理學忽然紅？義國恩榮固可重，故鄉苦樂恨難同。㈢ 與天爲徒求一體，愛人如己濟群黎。釋道儒耶俱聖路，智愚蟻溺盡菩提。

此詩國音粵音俱合韻。「義國」如「義父」「義母」。莊子「知北游」篇云，「道在螻蟻，在屎溺」。

一九七八年（民國六十七年　戊午）七十七歲　正月宣讀「朱子與元代理學」于「美國學術團體聯合會」召開而由陳學霖博士主持在華盛頓州舉行之「元代思想國際會議」。論文集不日刊出。　八月被選爲「中央研究院」院士。　九月一日全家與親友三數十人會宴于加州之屋倫，爲結婚五十週年紀念。伴娘內弟李蕙荃由香港攜夫葉葆定前來參加。

是年獲美國人文基金會（National Endowment for the Humanities）獎學金，以兩年爲期，譯評陳淳之「性理字義」。　被選爲「佛家哲學期刊」（Buddhist Studies）顧問。

一九七九年（民國六十八年　己未）七十八歲　先生與瑞士Ariane Rump博士同譯註「王弼老子注」由美國「亞洲及比較哲學學會」（Society for Asian and Comparative Philosophy）出版。　八月間先生伉儷携子女三人訪謁出世地之廣東開平南溟里與南海佛山市。蓋早已矢誓，如不得回鄉，決不返國。今得如願，使兒女悉其源頭，皆大愉快。又同遊東北、北京、西安、蘇州、杭州、桂林等地。雖大多重游，然多爲兒女所未到。又返廣州原嶺南大學今名中山大學訪視故居與長男長女出世之護養院。

一九八〇年（民國六十九年　庚申）七十九歲　先生是年被選爲「亞洲及比較哲學學會」會長，任期兩年。　六月長孫 Christopher 畢業於達慕思學院。同時該學院贈先生以人文榮譽哲學博士（Doctor of Humane Letters）榮銜。　八月出席「中央研究院」召開之「國際漢學會議」，獻文「朱子門人之特色及其意義」，刊于會議論文集。

一九八一年（民國七十年　辛酉）八十歲　是年徵談慕學院公選先生爲 Buhl Foundation 榮譽教授，每年選贈教授一人。　六月參加「美國學術團體聯合會」召開而由 Donald Munro 博士主辦在 Bowdoin 學院舉行之「中國個人主義國際會議」，任主席與評議。　八月出席「美國學術團體聯合會」召開而由狄培瑞教授主理在意大利 Como 湖畔所開之「高麗思想國際會議」，亦任主席與評議。　十月被「中國哲學史學會」與「浙江省社會科學院」邀約赴杭州參加該兩團體合辦之「宋明理學學術討論會」。被邀外賓止十人，到者七人。美國則只先生與狄培瑞博士兩人而已。　十一月南韓「退溪學會」邀請先生前赴漢城出席「退溪學國際討論會」。先生宣讀「退溪對于朱子之認識」，論文發表于「退溪學報」。

一九八二年（民國七十一年　壬戌）八十一歲　六月外長女孫 Jenny Thomas 畢業於普林斯敦大學。全家集于 Martha's Vineyard 避暑區數日，作全家樂。　七月創辦「國際朱熹會議」於檀香山，集合世界朱子學權威及對于朱子有特殊研究之專家與青年學者八十人，討論十日。會議款項由檀香山商界領袖程慶和博士隻手籌足。會議則以夏威夷大學與「美國學術團體聯合會」共同催開。會務由先生總理其成，會議論文集亦由先生主編，在印刷中。　中文專著「朱學論集」與「朱子門人」兩書問世。

是年由徹談慕學院退休，承學院贈予榮譽教授。仍掌教哥倫比亞大學宋明理學。

一九八三年（民國七十二年　癸亥）八十二歲　六月次男孫 Leighton 畢業達慕思學院。八月承「中國社會科學院」「哲學研究所」之約，赴長沙訪謁岳麓書院，赴廬山訪謁白鹿洞書院，與赴福建之武夷、五夫里、建陽、同安等地訪尋朱子遺跡。各省社會科學院熱烈歡迎，照料週到。並在北京「哲學研究所」、嶽麓書院、南昌「社會科學院」、與廈門大學舉行座談會。　十月出席韓國「退溪學會」在哈佛大學舉行之「退溪學討論會」，任評議員。

綜計先生譯著專書英文十三種，中文三種。論文一百二十八篇，中文佔三十一。其中爲某書之一章者四十九。書評凡一百五十六，皆英文。到各大學演講中國哲學宗教者一百七十餘處，過千次。其中到濱州大學園藝學系講道家哲學，至今凡十六年。

初稿編于一九六八年春●增訂續成於一九八三夏芝加哥旅次

索　　引

•人名　○地名　＊書名或篇名（ ）參看括弧內各條

一　劃

三　劃

四　劃

五 劃

六 劃

七　劃

八 劃

九　劃

十 劃

十一劃

十二劃

十三劃

十四劃

十五劃

十六劃

十七劃

十八劃

十九劃

二十劃

二十一劃

二十三劃

二十四劃

國家圖書館出版品預行編目資料

王陽明與禪

陳榮捷著. – 初版. – 臺北市：臺灣學生，2019.10 印刷
面；公分

ISBN 978-957-15-1810-7(平裝)

1. （明）王守仁 2. 學術思想

126.4 108014017

王陽明與禪

著 作 者 陳榮捷
出 版 者 臺灣學生書局有限公司
發 行 人 楊雲龍
發 行 所 臺灣學生書局有限公司
地 址 臺北市和平東路一段 75 巷 11 號
劃撥帳號 00024668
電 話 (02)23928185
傳 真 (02)23928105
E-mail student.book@msa.hinet.net
網 址 www.studentbook.com.tw
登記證字號 行政院新聞局局版北市業字第玖捌壹號
定 價 新臺幣三五〇元

一九八四年十一月 初版
二〇一九年十月 初版二刷

ISBN 978-957-15-1810-7(平裝)